어쩌다,
제주

어쩌다,
제주

서울 여자의 제주도 마실 에세이

최명숙 지음

harmonybook

차례

어쩌다,
제주

어쩌다,
제주

# 제주와의 어긋난 만남

    제주를 처음 찾은 건 서른 살이었다. 사실 여행을 제법 다닌 편인데, 제주에 저가 항공이 생기기 전까진 비싼 비행기 표를 주고 제주에 가느니 조금만 돈을 더 보태서 일본에 가는 것이 낫다고 생각했던 축이다. 그래서 서른이 되어서야 제주를 갔었고, 그나마도 제주를 잘 아는 친구가 운전하는 차를 타고 제주의 유명 관광지를 다닌 것이 제주와의 첫 만남이었다. 스스로의 노력 없이, 단체 관광 코스처럼 다닌 여행은 제주에 대한 별다른 느낌을 주지 못했다. 그 후, 제주를 다시 찾을 생각을 하게 된 것은 2년 후, 어느 가을날이었다.

    그 당시 내가 제주를 찾은 이유는 제주를 여행하고 싶다기보다는 내가 좋아하던 사람이 제주에 머물고 있었기 때문이다. 그래서 제대로 여행 정보를 찾아보지 않고, 어느 잡지에서 본 괜찮은 게스트하우스(이하 게하)들을 골라 사흘간 동쪽, 남쪽, 서쪽으로 하루씩 이동하면서 - 나중에 이것이 제주를 우습게 본 아주 오만한 계획이었다는 것을 깨닫는다. - 머물 생각으로 예약하고 무작정 비행기에 올랐다. 이유야 불순했지만, 이제부터 나의 진짜 제주가 시작된다.

# 사려니 숲길

처음 제주공항에 도착해서 짐을 풀러 숙소에 가고자 하였다. 첫 번째 숙소는 송당리였다. 하지만, 지금과 다르게 2015년 당시 송당리에 가는 버스는 하루에 몇 대 뿐이었다. 버스 시간대를 놓친 나는 숙소에 일찍 갈 수 없게 되었다. 무엇을 할까 고민하다가 숙소 근처 사려니 숲에 가기로 한다. 아무 생각 없이 제주에 간 터라 일주일 정도의 짐이 든 배낭을 메고 사려니 숲을 걷기 시작한다. 여기서부터 좌충우돌 나의 제주 문제 여행기가 시작된다.

사려니 숲길은 30분 걷기 코스와 사려니 숲을 전체 걷는 코스로 나누어진다. 여행지에 가면 코스를 다 돌아야 직성이 풀리는 나는 5kg의 배낭을 메고 전체 걷기 길을 선택한다. 아마 20대에

10kg을 메고 인도 여행을 한 적이 있어서 그 정도는 괜찮을 줄 알고 서른이 넘은 나의 나이를 망각한 것 같다. 사려니 전체 구간 걷기 길은 매우 좋았으나, 무거운 가방 덕에 온몸이 쑤셔 밤에 엄청 후회했었다.

사려니 길은 초반에만 사람이 몰리고 숲으로 점점 들어갈수록 사람이 적어지고 동·식물이 가득하다. 내가 기억하는 사려니 숲의 인상은 까마귀가 엄청 많다는 것이었다. 사실 서울에 흔치 않았던 까마귀는 왠지 영물처럼 느껴졌고, 내가 그들의 영역을 침범하고 있다는 생각이 들었다. 까마귀가 무리를 지어 움직이고 있는 곳을 지나갈 때면, 그들에게 미안한 마음을 담아 '나 좀 너희 숲을 지나가도 될까' 하고 살며시, 살며시 숲에 들어갔던 기억이 있다.

그렇게 까마귀에게 미안해하며 조심스럽게 숲을 걷던 중, 식사를 하던 아저씨 한 분이 자신의 식사를 나눠 주시겠다고 제안하셨다. 아저씨는 제주도 한달살이 중이어서 집에서 한라산⑦과 식사를 가져 왔는데, 자신은 한라산이면 충분하다며 토스트를 건네 주셨다. 그제야 나는 점심때가 지나도록 아무것도 먹지 않아 사실은 배가 고프고 힘든 상태라는 것을 인식했다. 그리고 정말 대책 없는 여행을 시작했다는 사실을 다시금 깨달았다.

# 한라산

　'한라산이 제주도이고, 제주도가 한라산이다' 어떤 제주 도민한테 이런 말을 들은 적이 있다. 제주도가 한라산이라니 제주도를 제대로 느끼고 알기 위해서는 한라산에 올라가봐야겠다는 생각이 들었다. 그래서 어느 봄날, 그리고 한여름, 한겨울에 한라산을 등반하게 된다.

　그렇게 지금까지 세 번 한라산을 올랐다. 모두 영실 코스로 올라가서 정상에 오르지는 못했다는 아쉬움이 남아있지만, 그래도 한라산에서 영실 코스가 가장 아름답다는 '나의 문화유산 답사기-제주편'을 생각하며, 올여름에도 영실코스로 올라갔었다. 아침 7시부터 시작되는 정상코스로의 장시간의 등산이 가능할

만큼 체력이 좋지 않은 것이 영실코스를 선택하게 만든 또 다른 이유이기도 하다.

첫 번째 한라산을 오른 것은 2015년 5월이다. 그 때, 서울은 완연한 봄이었다. 그러나 제주도, 특히 한라산은 바람이 매우 거세고 약간 쌀쌀했던 기억이 든다. 유난히 안개와 바람이 부는 날씨의 등반은 쉽지 않았다. 또, 등산에 적절한 오이, 귤, 같은 수분이 많은 음식 대신에 빵을 사들고 가서 엄청 후회했던 기억도 난다. 아무튼, 그 당시의 영실 가는 길은 안개로 자욱해서 경관을 볼 수 없었다. 눈앞에 보이는 것이 없는데 힘이 드는 오르막 길을 올라가면서 '이렇게 힘들게 올라가야 하나'하는 생각이 중간 중간 머릿속을 스쳐갔었다. 아마, 버스 정류장에서 만난 동행이-안타깝게도 아줌마였지만…- 있지 않았다면 포기했을지도 모른다.

그런데 윗세오름에 오르자 풍경은 완전히 달라졌다. 어리목 코스 입구까지 가는 평탄한 길은 어디서도 보지 못했던 평화가 기다리고 있었다. 넓은 들판에 새들이 자유롭게 날아다니고 있었다. 산 위에 어떻게 이런 평야가 있지? 하고 정말 신기해했던 기억이 난다. 한라산은 어떤 풍경을 간직하고 있는지 그리고 어떤 풍경을 보여줄지 모른다는 것을 깨달았고 다음에도 한라산에 올라봐야겠다고 다음 산행을 기약하기로 한다.

두 번째로 간 한라산은 겨울 왕국이었다. 제주에서 한달살기할 무렵, 게하 주인 언니는 눈이 많이 내려서 한라산 등반길이 통제되고 난 후 해제가 된 첫 날 한라산 눈꽃이 가장 아름답다고 했다. 그 말을 들은 나는 통제가 끝난 다음날 등반길에 올랐다. 이번에도 눈으로 인해 올라가는 길은 쉽지 않았다. 신발에 아이젠을 부착하여 신발은 무거웠고, 처음 써보는 스틱 사용도 어색했다. 하지만, 한라산 윗세오름의 눈꽃은 말로 형언하기 힘들 정도로 아름다웠다. 사람들은 눈 덮인 한라산에서 눈썰매를 타기도 했고, 사진을 찍기도 하며 저마다 아름다운 풍경을 만끽하고 있었다. 나는 그 곳의 아름다움을 전하기 위해 그동안 한 번도 하지 않았던 영상통화를 가족에게 걸어 겨울 한라산을 공유하는 시간을 가졌다.

그리고 세 번째, 여름의 영실. 너무 더워서 물을 두병 챙기고 선크림을 단단히 바르고 길을 나섰다. 날이 너무 좋아 눈앞의 전경이 탁 트여 있었다. 처음으로 영실에 오르면서 오백나한이라고도 불리는 영실기암을 눈으로 직접 마주하였다.

올라가는 길목마다 진귀한 풍경들로 가득하였지만, 특별히 영실 전망대에서 보는 전경이 환상적이었다. 어떻게 산 위에 이렇게 널따란 평지, 초원이 있지? 하고 지난번과 같은 생각을 하게 된다. 두 번째, 아니 세 번째인데도 산위에 평야가 나타나는 것이 계속 신기하게만 느껴졌다. 그리고 눈앞에 펼쳐진 풍경이 믿기지 않았다. 하늘도 파랗고 그 하늘을 배경으로 한 윗세오름은 푸른 초장이었다. 너무 신기하고 멋진 광경에 쉴 새 없이 카메라 버튼을 눌러댔다. 그리고 멋진 인생 샷도 한 장 건질 수 있었다.

　그래! 한라산이 제주도이고 제주도가 한라산이다!

# 곶자왈

제주에서 가장 신비로운 공간을 꼽으라면 나는 단연코 곶자왈을 선택하겠다. 제주에 방문할 때마다 빼놓지 않고 들르는 공간이 곶자왈이고, 곶자왈을 찾기 위해 제주를 찾은 것처럼 곶자왈을 가곤 했었다.

곶자왈에 대해 처음 알게 된 것은 '곶자왈 환상숲'을 통해서이다. 정글과 같은 숲속은 낯설고 생소했지만, 곶자왈 환상숲에서는 해설사의 설명을 통해 곶자왈을 이해하며 숲과 친숙해질 수 있었다.

또한, 곶자왈 도립공원은 개장 준비 중에 다니길 시작해 매년 한 번 이상은 가고 있다. 어떤 날은 그 곳을 5시간이나 거닐고도 숲이 너무 좋아 떠나기가 싫어서 나무에게 얘기했다. 조만간 또 만나자고 그렇게 너무 예쁜 나무 한 그루랑 팔짱 끼고 얘기한 적도 있다.

곶자왈에 가면 숲이 계속 순환하고 있다는 사실을 알 수 있었다. 계절을 알 수 없고, 다양한 식물이 섞여서 자라는 곶자왈 숲에 사로잡혀 제주도 여러 지역에 퍼져있는 한 곳, 한 곳의 곶자왈 지대를 가는 것이 여행의 기쁨이 되는 시절도 있었다. 사실 곶자왈이 무어가 좋냐? 라는 물음에 한마디로 답하기는 조금 난처하다. 그래도 대답해야 한다면 '인간에게는 이론적으로 알지 못해도 몸으로 그냥 알게 되는 그런 것이 있어, 머리로가 아닌 몸으로 알 수 있는 그것, 그것들' 이라고 말하고 싶다.

사실 여자 혼자 제주 숲길을 걷는 것은 위험한 일이다. 지금은 모 방송국에서 캠핑장소로 나와 조금 이름이 알려진 '머체왓 숲길'도 2015년 딱 한 번 그 숲을 방문하고 더 이상 가지 못하였다. 이유는 너무 무서웠다는 것이다. 숲 자체의 신비로움 속으로 들어가면 들어갈수록 숲은 전설 속의 공간과 같이 느껴졌고, 낮에도 해가 들지 않는 컴컴한 숲에서는 왠지 으스스한 기분까지 들었다. 그런 기분에 휩싸여 있다가 갑자기 내 발자국 소리에 놀란 새들이 '푸드덕'하고 날아오르면, 나도 덩달아 놀란 가슴을 쓸어내리곤 하였다. 그리고 그 날 공교롭게도 머체왓 숲길에서는 사람을 딱 한 명 만났었다. 그 사람도 나도 서로에게 놀라며 지나쳤었다.

　방송에 노출된 머체왓 숲길은 앞으로 관광명소로 자리할 것 같은 예감이 든다. 이제 이곳을 무서워하지 않고 다닐 수 있겠다는 안도감과 함께 나 혼자 알던 숲이 다른 사람들에게도 알려져서 예전 모습이 사라지면 어떡하지 하는 걱정이 동시에 드는 건 어쩔 수 없는 것이겠지….

# 한달살기1

 제주도를 2015년부터 주기적으로 방문하게 된다. 제주에 살고 싶다는 로망도 생겨났고 '제주'라는 말만 들어도 좋았던 시절이 계속된다. 제주에 대한 로망을 많은 사람들이 갖기 시작했고 이는 '한달살기'라는 새로운 유행을 만들어 냈다.

 나는 2017년 가을 제주 한달살기를 하기로 결심하고 정보를 조사하기 시작한다. 먼저 가장 중요한 숙소를 알아본다. 숙소는 가격대별로 천차만별이었다. 당연히 가격이 비싸면 정원까지 딸린 독립펜션 같은 곳도 빌릴 수 있었다. 나는 혼자 머물 생각이었기 때문에 독채까지는 필요가 없었고, 원룸 같은 곳을 중심으로 알아보기 시작했다. 물론 원룸도 가격이 만만치는 않았다.

그렇게 다양한 정보를 알아보고 친구들과 얘기하던 중 한 지인이 게하에서 머무는 것은 어떠냐고 제안했다. 그 당시 나는 서울에 원룸에서 생활하고 있었는데, 제주도까지 가서 원룸에 머무는 것은 재미가 없지 않겠냐는 의견이었다. 또한, 혼자 오랫동안 제주도에 있으면 그다지 많은 곳을 다니게 되지 않을 확률도 있다는 것이었다. 그래서 사람들하고 어울리며 같이 여행도 할 수 있는 게하를 알아보라고 한 것이다. 나는 그 의견에 동의했고, 게하에 대한 정보를 찾기 시작했다. 우연히 제주 여행에 관한 책을 보던 중, 한달살기 방을 빌려주는 게하를 발견하게 되었고, 인터넷에서 사진과 후기 등을 읽어보고 예약을 하게 된다. 그렇게 나의 한달살기는 시작되었다.

2018년 1월 2일 간소하게 짐을 꾸려 한 달을 머물려고 제주도행 비행기를 타게 된다. 저녁때가 되어 게하에 도착하니 주인 언니는 귤밭에 일하러 가고 게하 주인의 언니가 방을 안내해 주었다. 게하는 노랑 지붕이 유난히 눈에 띄는 집이었다. 그리고 낮은 돌담과 작은 안마당이 있어 휴식을 취하기에 좋아 보였다. 특히, 좋았던 공간은 옥상이었다. 저 멀리 한라산이 보이고, 바다도 보이는 옥상은 그야말로 '멍'때리기 좋아 보였다.

그런 게하의 인상 때문인지 내가 머물게 될 작은 방도 아늑해 보였다. 창문을 가린 커튼과 별 무늬 이불이 인상적인 작은 방이었다. 화장실이 좀 열악했지만, 다른 공간이 좋아서인지 그런 것쯤은 괜찮다고 느껴지는 곳이었다. 앞으로 어떤 일들이 펼쳐질지 예상할 수 없는 나의 한달살기는 그렇게 시작된다.

## '나' 때문에

　요즘 내가 즐겨보는 브이로그가 있다 바로 '오느른'이라는 PD가 하는 귀농 아닌 귀촌 브이로그인데, 업로드 하는 날을 손꼽아 기다리며 볼 정도로 애정하는 브이로그이다. 거기에는 서울에서 직장생활을 하던 PD가 김제에 폐가를 사서 집을 고치며 살아가는 이야기가 담겨 있다. 최근 영상에서는 자신이 왜 김제까지 왔는지 생각하는 내용이 담겨져 있었는데, 자신에게 관대하지 못하고 자신에게 내는 시간을 아까워해서 휴식 시간조차 제대로 갖지 않는 삶을 사는 이야기를 들었다.

　그 이야기를 들으며 나는 나의 이야기를 듣는 것 같았다. 나에게 시간내기를 아까워해서 잠깐의 빈틈도 허락하지 않는 삶을 사는 나의 삶이 생각났다. 가끔 주변에서는 나에게 그만 좀 열심히 살라고 할 정도로 모든 시간에는 쉼이 없었다. 나는, 나에게 인색했다.

그렇게 서른 초반을 달리고 서른 중반이 되어 건강에 이상신호가 왔다. 몸을 움직이기가 힘들고 어지럽고 머리가 너무 아파서 견딜 수 없는 나날이 계속되었다. 그런 나에게 휴식이 필요하다는 것을 그제서야 깨닫고, 쉼을 허락하는 나를 볼 수 있었다. 나의 한달살이는 그런 '나' 때문이었다.

나는 한 달 동안, 나에게 꼭 휴식할 수 있는 시간을 허락해 주자고 다짐하고 또 다짐했다. 매일 무언가를 해야 할 것 같은 강박 때문에 이것저것 꽉 채워다니던 가방도 버리고 짐을 간소하게 챙겼다. 짐들과 같이 무거운 나의 생각과 생활에서 벗어나는 연습을 하고 오기로 나와 약속했다.

다행히 한 보름쯤 지나서인가? 그런 느낌을 받았다. 아침에 늦게 일어난 데다가 아무것도 하지 않고 편안하고 기분 좋은 느낌. 아무것도 하지 않고 있는데 불안하지 않고 기분 좋은 느낌을 받게 된 것이다. 내가 이렇게 아무것도 하지 않아도 자유로울 수 있다는 생각이 들자 마음이 너무 편해졌다.

나를 먼저 소중히 여기고 나를 사랑하고 나를 좋아해주고 그런 일들이 나에게는 너무 먼 얘기 같았는데, 서울을 떠나 있는 동안 나는, 나를 조금 사랑하기 시작했다.

# 빈둥거리기

　여행 중에도 그렇고 평상시에도 그렇고 내가 제일 잘 못하는 것 중에 하나가 있다. 바로 '아무것도 안 하며 빈둥거리기'. 왜인지 모르지만 무언가 생산적인 것을 꼭 해야만 할 것 같은 느낌을 항상 받는 것이다. 주말에도 늦잠이나 낮잠자기를 두려워하고 잠시라도 가만히 있으면 안달이 난다. 무슨 일이라도 생길 것 같은 조바심이 나기도 하고 내가 이렇게 빈둥거리면 안 된다는 강박적인 생각이 머릿속에 가득하다. 그래서 나에게 '쉼'이란 무엇일까에 대해 심각하게 고민을 한 적이 있다. 앞서 얘기했듯이 제주도 한달살기도 그런 연유에서 시작되었다. 빈둥거리지 못하는 '나' 때문에 말이다.

한달살기 동안 하루에 딱 한 가지만 하기로 한다. '그림일기 그리기' 그 외엔 아무것도 안 해도 된다고 계획을 세웠다. 이것도 계획이지만 나에게 매우 파격적인 작은 목표인 것이다. 하루종일 아무데도 가지 않고 하루종일 한 가지만 하면 된다고 나에게 허락해 준 것이다. 그것도 갈 곳이 그리도 많은 제주도에서 말이다.

다행히도 게하의 공간은 내가 쉴 수 있도록 많은 도움을 주었다. 게하에는 본 건물과 카페같은 분위기의 식당건물이 따로 있었는데, 이 식당 건물은 내가 아무것도 안하기를 실천하기에 좋은 공간이었다. 게하 사람들의 여유 속에서 카페에서 천천히 커피를 내려 마시고 아주 느긋하게 하루를 시작할 수 있었다.

무엇보다 좋았던 것은 잠을 푹 잘 수 있었다는 것이었다. 자다가 잘 깨기도 하고 늦잠도 잘 못자는 습관은 점차 사라지고 저녁에도 일찍 자고 아침에도 늦게 일어나는 새로운 패턴의 생활에 금세 익숙해졌다.

그 당시 겨울에는 눈이 많이 내렸다. 눈이 많이 내려서 버스도 잘 다니지 못하고 운전도 어려운 날들이 며칠 있었다. 그래서 고립되어 있었는데, 초조해 하지도 않고 그 상황을 즐기기까지 하는 나를 보면서 이렇게 여유를 부려도 되나? 하는 생각을 한 적

도 있다. 그 때 나는 정말 게하에서 빈둥거리면서 창 밖으로 하염
없이 눈이 쏟아지는 것을 보기도 하고 사진을 찍기도 하고, 동영
상으로 기록도 하며 숙소에 고립된 상황이 나쁘지 않다는 것을
경험으로 깨달았다.

# 한달살기2

　제주도 한달살기를 할 때, 내가 머문 곳은 '평대리', 제주어로 '난드로'라는 곳이었다. 그곳은 버스가 자주 다니지 않는 시골 마을이었다. 내가 머문 게스트 하우스 건물은 제주도 옛집이라 너무 추웠지만, 제주도에 사는 느낌이 물씬 들었다. 제주의 기후를 온몸 가득 느끼며 제주인의 겨울 역시 서울 못지않게 춥다는 사실을 알 수 있었다. 그렇게 제주도의 정취에 빠져 있던 즈음, 계하의 주인 언니를 따라 귤을 따는 현장에 가게 된다. 그동안 귤따기 체험을 해보고 싶었던 마음이 있었던 터라 가벼운 마음으로 귤따기를 시작했는데, 이건 정말 노동이었다. 그동안 손쉽게 사먹었던 귤이 이렇게 사람 손으로 하나하나 따야 한다는 것은 충격적인 일이었다. 제주에 정착한 일부 여성들은 귤 따는 일을 하며 생계를 유지하는 경우가 있다는 얘기를 들은 적이 있다. 그날 겨우 몇 시간 귤을 따는 체험 삶의 현장에 있었던 일은 제주에 대한 생각을 바꾸는 계기가 된다. 제주에는 여행을 와야지 정착을 하면 귤을 따며 매우 힘든 노동을 하게 될지도 모른다는 생각이 머릿속을 스쳐갔다. 귤을 따며 제주도에 사는 건 드라마 속 주인공에게나 가능한 일이지 나 같은 저질 체력의 소유자에게는 불가능한 일이었다는 것을 깨달았다.

　사실 나의 한달살기에는 즐거운 일도 많았다. 한라산 눈꽃 등반, 한라산 눈썰매, 눈 오는 바닷길 걷기, 동백꽃밭 거닐기, 길가에 수선화 만나기, 야생 돌고래 체험 등등….

　그런데 제주 한달살기가 나에게 남긴 가장 큰 인상은 제주살이에 대한 로망을 사라지게 했다는 것이다. 그동안 제주에 살고 싶다는 아련한 소망은 모든 터전을 버리고 제주에 갈 만큼 자신이 없다는 것으로 결론을 내리는 계기가 되었다. 전에 나보다 연배가 있는 어떤 작가가 그런 말을 했다. '자신은 제주가 익숙해지는 것이 싫어 그냥 여행만 다니며 낯선 이상향으로 남기고 싶어' 라고. 나의 한달살기는 그렇게 제주 살이에 대한 막연한 동경을 잠재우는 시간이었다.

# 제주도 그리기

'그림그리기'는 내가 제주를 방문하는 첫 번째 이유이자 목적이다. 2015년부터 제주도 숲을 그리고 있고 그중에서도 특히 제주도의 겨울 숲을 주제로 한 그림을 그리고 있다. 나에게 있어서 제주는 낯설고 이국적인 풍경을 가진 곳이었고 제주 숲에 자라나는 고사리, 야자수, 콩짜개 등 육지에서 보기 힘든 이국적인 식물들은 나를 매료시켰다.

겨울 숲은 특히 봄이 오기 전 잠시 휴식을 취하며 봄을 맞이할 에너지를 모으고 있었는데, 이는 연노랑, 연분홍, 연보라 등의 미묘한 파스텔 톤의 색으로 보여졌다. 이런 미묘한 색의 변화에 주목하여 제주의 겨울 숲을 색으로 나타내는 작업에 몰두하고 있다. 그러는 와중에 바다를 보러가거나, 수선화를 볼 때면 나의 작업과 상관없는 그림일기를 작성하기도 한다.

특히, 제주 바다의 색을 담아내는 것을 좋아한다. 제주 바다의 색은 시시각각 변화한다. 날마다 다르고 매시간 다르다. 그래서 바다를 볼 때면 나도 모르게 색연필을 꺼내어 바다의 색을 담아내게 되는 것 같다. 이런 식으로 작업과 상관없는 그림에 몰두한 시절이 있었는데, 나의 제주 한달살기가 그랬다.

별 목적 없이 그냥 하루에 제주 한 장면 그리기, 한량처럼 늦게 일어나 커피를 한잔 마시며 눈이 오던 풍경을 하염없이 바라보던 그 시절에는 아무 목적 없이 하루를 보내며 그림일기를 그리고, 또 다른 하루를 맞이하곤 했었다.

지금 도시의 한 카페에 앉아 이 글을 쓰며 제주도의 풍경을 떠올리고 있으니 오늘 제주는 어떤 모습을 하고 있을지 오늘의 제주가 궁금하고 제주가 갑자기 그리워진다.

# 거문오름

거문오름은 예약을 해야 갈 수 있는 곳이다. 제주도를 처음 방문했을 때, 그것도 모르고 거문오름이 좋다는 소문을 듣고 무작정 거문오름에 가려다 게하에 같이 머물었던 사람들에게 한소리 들은 기억이 난다. 그렇게 거문오름의 존재와 예약시스템을 알고 있었지만, 정작 거문오름에 방문한 것은 제주도를 여러 차례 방문한 후의 일이다. 처음 간 것은 어느 쌀쌀한 겨울날이었다. 그때, 거문오름을 방문하고 난 후, 거문오름에 반해 계절별로 거문오름을 방문하게 된다. 평소 개방하지 않는 용암길을 개방하는 '거문오름 국제트레킹' 날짜에 맞춰 트레킹을 한 적도 있다. 여러 번 방문한 만큼 거문오름의 멋진 광경에 대해 이야기하고 싶은 날은 여러 번이었지만, 이번에는 두 번의 방문기를 소개하고자 한다.

먼저, 거문오름을 처음 방문했던 날이다. 이 날은 거문오름의 필수코스인 해설사와 같이 탐방하는 1시간 정상 코스, 그리고 그 이후에 선택하여 해설사와 같이 돌 수 있는 분화구 코스를 돌고, 마지막으로 3시간이 소요되는 자유 코스까지, 하루 종일 거문오름에 머물렀다. 그만큼 거문오름의 아름다움을 온몸으로 느낀 날이었다. 해설사의 설명을 들으며 거문오름에 대해 이해하는 과정은 매우 좋았다. 그동안 몰랐던 제주에 대해 알 수 있었다. 그 중 인상적인 것은 무덤 위치에 대한 이야기였다. 제주도에 가면 무덤이 밭 한가운데에 자리하고 있는 것을 볼 수 있다. 그 때마다 무덤이 참 신기한 곳에 있다고 생각했는데, 사실 무덤이 처음부터 밭에 존재했던 것이 아니라 그 주변을 개간해서 밭이 되면서, 무덤 위치가 이상해 보인다는 것을 알 수 있었다. 그리고 거문오름 생태계를 보존하기 위해서 거문오름 안에서는 생수 외에 다른 어떤 것도 먹지 말아야 하며, 이런 식으로 자연을 위해 꾸준히 애쓰고 있는 제주도의 노력을 알 수 있었다.

해설사와 헤어져, 혼자서 오롯이 오름을 느끼며 자유롭게 돌아볼 수 있는 코스도 인상적이었다. 곶자왈 지대도 있고, 일반적인 숲의 모습도 느낄 수 있고, 또한 새로 조성한 삼나무 숲 지대도 볼 수 있어서 다양한 숲의 모습을 알 수 있는 기회였다. 이날 거문오름이 너무 신기해서 천천히 탐방을 하다 보니 탐방 마감 시간이 다 되어, 거문오름 탐방 사무소에서 왜 안 돌아오는지 전화가 왔었던 기억이 난다 - 거문오름은 입장할 때 출입증을 받고 퇴장할 때 반납하고 돌아오는 구조이다-.

두 번째로 좋았던 것은 눈이 오는 거문오름이었다. 내가 예약한 날 운이 좋게 거문오름에는 눈이 오고 있었다. 거문오름은 오름 정상에 다다르면 포근하게 오름 안으로 들어간 느낌을 받을 수 있는데 눈 오는 거문오름에서는 그 느낌이 더욱 강했다. 삼나무에는 눈이 쌓여 마치 크리스마스 트리와 같은 모양을 하고 있어, 크리스마스 왕국에 와 있는 기분이었다. 자유 코스는 길이 미끄러워 이 날은 가지 못했지만, 잠깐 걷는 동안에도 거문오름 안에서 휴식을 취하며 자연의 신비를 또 한 번 흠뻑 경험한 날이었다. 거문오름을 나서며 억새가 있는 들판에 눈발이 날리는 모습은 지금도 눈앞에 선하다. -표지그림은 그날의 풍경을 담아낸 것이다. 그날의 환상적인 느낌과 분위기가 머릿속에 잔상으로 남아있어 이를 그림으로 풀어내게 되었다-

# 렌트카와 버스

　처음 제주도를 방문하고 제주도의 버스노선이 그렇게 녹록치 않다는 것을 알게 되었다. 버스시간을 놓쳐 무거운 배낭을 메고 사려니 숲을 걸었던 경험을 계하의 같은 방을 쓰고 있던 언니에게 얘기한 적이 있다. 그 언니는 운전을 배우라고 권했다. 제주도는 비교적 주차가 쉬워 그래도 운전을 할 만하다고 했다. 그때 마침, 친언니가 출퇴근용 중고차를 장만한 터라, 장롱면허를 벗어나 제주도를 자유롭게 운전하며 여행하고 싶었던 나는 운전 연수를 다시 받았다. 제주도는 버스로 다녀도 괜찮은 여행지이지만, 머체왓 숲길, 삼다수 숲길, 한라산 둘레길 등의 숲들은 외진 곳에 있어서 대중교통으로는 갈 수 없다는 단점이 있다. 그래서 이런 곳을 가기 위해선 차를 운전해야겠다는 생각을 한 것이다. 운전 연수를 마치고 몇 달간 운전을 하고 운전이 가능해진 나는 다음번 제주에 갈 때 렌트를 하게 된다. 그랬더니 갑자기 제주도 여행이 편해진 느낌을 받았다. 대중교통으로 갈 수 없었던 머체왓 숲길도 갈 수 있었고, 삼다수 숲길에도 갈 수 있었다. 나는 초보라 2차선 도로에서는 뒷차의 눈치가 보였지만, 그래도 꿋꿋이 속도를 지키며 안전 운행을 했었다. 제주도 여행을 위해 운전을 배운 뒤 한동안 제주도 여행에서는 렌트카가 옵션으로 끼어 있었다. 그러다가 다시 버스로 이동 수단을 갈아탄 것은 한 달살이 덕분이다.

　제주 한달살기를 계획하면서, 한 달 동안 차를 렌트할 자금이 부족했던 터라, 버스를 이용하게 된다. 그러면서 몇 년 사이 제주도 버스노선이 많이 좋아졌다는 사실을 깨달았다. 그리고 급행인 빨간 버스를 잘 이용하면 원하는 목적지까지 빠르게 갈 수 있다는 것도 알게 되었다. 만약, 버스 시간이 떠서 낙오가 되면 카카오 택시를 부르면 된다. 그래서 최근에는 운전보다는 버스 여행을 선호하는 편이다. 물론 외진 곳에 가기 위해선, 그리고 시간적으로 봤을 때는 렌트카를 이용하는 것이 이점이 있는 것은 사실이다. 하지만, 제주도에서는 버스를 기다리는 시간조차 즐겁고 제주도까지 가서 시간을 다투며 여행하고 싶지 않은 마음에 버스를 즐겨 탄다.

'빠르고 편리한 것은 내게 주어진 무언가를 느끼고 생각할 시간을 빼앗아 간다'는 메모도 일기장에서 발견한 수 있었다. 그렇기에 버스는 제주도 여행에 있어 중요한 교통수단으로 자리잡게 되었다.

한 번은 밤중에 버스 앞자리에 앉아 있었는데 - 나는 바깥 풍경 보기를 좋아해서 버스 앞좌석에 앉는 것을 선호한다. - 버스 기사님이 자신이 어떻게 제주도에 입도해서 버스 기사를 하게 되었는지 이에 대한 자신의 스토리를 얘기해 주신 적도 있었다. 그리고 비가 많이 온 다음날, 버스에 타면서 엉또폭포에 가냐고 물어보자, 버스에 타고 계신 할머니, 할아버지께서 오늘 물이 내려올려나? 하고 다들 걱정해주신 일도 있다. 조금 불편하지만 제주도를 몸으로 경험할 수 있는 버스 여행은 제주 여행의 또 다른 묘미가 아닐까 싶다.

# 여름 숲 그리고 뱀

어릴 적 아빠를 따라 캠핑을 간 적이 있다. 캠핑을 하려고 텐트를 치던 중 텐트 옆으로 작은 실 같은 뱀이 지나가는 것을 보았다. 그것이 내가 처음 본 야생의 뱀이었다. 그러고 나서, 작년 여름, 제주도에서 숲에 갈 때마다 수없이 많은 뱀을 만나게 된다. 사실 뱀은 내가 싫어하는 생물 중에 하나이다. 동물원의 인공적인 환경에 있는 뱀은 무섭고 징그러운 모양을 하고 있다. 그래서 뱀을 끔찍하다고 여긴 적도 있었다. 그런데 야생에서 보는 뱀은 제주도라는 장소 때문인지는 모르지만 동물원에서 보던 뱀과 전혀 느낌이 달랐다.

처음 뱀을 마주한 곳은 교래 곶자왈이었다. 사실 뱀을 마주할 것이라는 생각은 하지도 못한 채 숲길을 걷고 있는데, 풀잎 사이로 무언가가 고개를 내밀다 뒤로 돌아 들어갔다. 고동색과 갈색 빛을 띤 우리나라 토종 뱀이었다. 그때는 '엄마야!'하고 야생의 뱀을 보고 놀란 가슴을 쓸어내리고 겨우 숲길을 마저 걸었었다. 그리고 집에 돌아와 생각해보니, 뱀에게 이런 말 하긴 좀 그렇지만 좀 귀여웠다. 생김새도 그렇고 무엇보다 사람을 보고 먼저 피해주는 것이 고마웠다. 제주 뱀과의 첫 만남에 이어, 여름에 찾은 새벽 산책길에는 매번 뱀이 있었다. 그렇게 만났을 때의 뱀은 자리에 있다가 내가 오는 진동을 느끼고 자리를 피하는 것 같았다. 괜히 뱀의 자리를 뺏는 것 같아 미안했던 산책길이었다.

그리고 조금은 멍청한 뱀을 만난 적이 있다. 서귀포 칠십리 시공원을 산책하는 거의 한낮에 가까운 오전 시간이었다. 뱀이 인도 한가운데 떡하니 몸을 다 드러내고 있는 것이다. 그 때는 숲에서 뱀을 수없이 만나고, 산책길에 뱀을 만나는 것이 어느덧 자연스러워진 시점이었지만, 나를 인식조차 하지 않고, 볕에 온몸을 드러내고 있는 뱀은 처음이라 적잖이 당황했던 기억이 난다. 무엇보다 뱀은 자신이 원하는 지점, 돌 틈 사이 어디론가를 가기까지 사진도 찍고 계속 뱀을 지켜보는 나라는 사람을 전혀 인식하지 못한 것 같았다. 멍청이 뱀 같으니라고, 아니 저렇게 멍충

해서 뱀을 잡는 사람에게 걸렸으면 무조건 잡혀서 철커덩 신세가 되었을 만한 녀석이다.

여름이 지나고 날이 추워져 이젠 더 이상 숲에서 뱀을 만나지 못하는 계절이 왔다. 내년 여름에 숲을 방문해서 또 다시 귀여운(?) 뱀을 만나길 고대해 본다.

# 오름

　해질녘 혹은 동이 틀 무렵 오름에 오르는 것을 좋아한다. 해가 뜨고 지는 시간에는 대기가 완전히 달라지면서 주위의 풍경을 바꾼다. 그렇게 달라지는 색감의 하늘을 바라보며 오름에 올라 그 풍경을 바라보는 일은 특별한 시간이 되곤 한다.

　오름 정상에 올라 보는 풍경은 언제나 멋지지만, 오름에 오르는 길은 언덕길이라 가끔 숨이 찰 때도 있다. 하지만 잠깐의 고비를 잘 넘기고 오름 정상에 오르면 놀라운 광경이 눈앞에 펼쳐진다. 그리고 오름 정상에서 불어오는 바람을 맞이하는 일은 언제나 기분 좋은 일이다.

　오름에 많이 올랐지만, 그 중에서도 제일 잊지 못할 오름이 있다. 때는 해질녘이었다. 그렇게 중요한 오름이지만 그 오름의 이름은 기억이 나질 않는다. 아니면 내게 진짜 제주를 만날 수 있도록 해준 그의 거절을 받은 후, 그를 떨쳐버리고 온 곳이라 오름의 이름을 기억하기 싫은지도 모른다. 아무튼, 오름에 오르는 길부터 내려오는 길까지 사람의 흔적은 찾아볼 수 없었다. 나는 이것이 기회라고 생각하고 드라마나 영화에 나오는 한 장면을 따라 하기로 한다. 오름 정상에 서서 "00야 잘 지내, 나도 이제 너 잊고 잘 지낼거야." 그렇게 오름 분화구를 향해 여러 번 소리를 쳤다. 아주 큰 목소리로 외쳐가면서. 그러고 나니 얼마나 시원하던지, 이제는 더 이상 제주에 오면서 그를 인식하지 않을 수 있다는 생각과 함께, 그를 놓아줄 수 있을 것 같다는 생각이 머릿속을 스쳐갔다. 아주 가끔은 드라마를 따라 해보는 것도 나쁘지 않은 일이라는 생각이 들었다. 그렇게 아무도 없는 오름에서 열심히 소리를 지르고 오름에서 내려와서 돌이켜 보니, 서울에서라면 용기내지 못했을 것 같다. 나에게 어디서 그렇게 큰 목소리가 생긴 건지 모르겠다. 아마 그것이 제주의 힘이겠고, 이제 제주가 나에게 그만큼 편안한 공간이 되어가고 있어서 자유로울 수 있었나 보다. 그렇게 제주는 아직 좀 낯설면서도 친근한 공간이 되어가고 있었다.

# 용눈이 오름

제주사람들에게 일출은 성산일출봉에서 보는 것이 아니라, 용눈이 오름에서 보는 것이 진짜라는 글을 읽은 적이 있다. 한 번은 제주사람의 일출을 느껴보고자 새벽 일찍 길을 나섰다. 이른 시간이지만 벌써 오름에 오르고 있는 사람들이 조금 있었다. 나도 서둘러 오름에 올라 용눈이 오름 위에서 떠오르는 해를 보았다. 그 날은 제주의 풍경과 함께 대자연의 위대함을 몸소 느낄 수 있었다.

저 멀리 성산일출봉도 보이고 바다도 보였다. 해가 떠오르면서 주변의 풍광이 바뀌는 것을 알 수 있었다. 해는 매일 뜨고 지지만, 그 해를 맞이하거나 배웅하는 것은 쉽지 않은 일이다. 해가 뜨는 것과 지는 것은 사람에게 많은 에너지를 준다고 하던데 해가 뜨는 것을 본 그날은 내가 스스로에게 특별한 선물을 준 것 같은 기분이 들었다.

한 번은 낮에 용눈이 오름에 오른 적이 있다. 용눈이 오름의 능선은 참 신기하고 아름다웠다. 신라 사람들이 오름을 보고 왕족의 무덤을 만들었는지는 모르겠지만, 오름의 능선에서 경주의 무덤에서 보던 능선과 비슷하다는 생각을 했다. 무엇보다 오름은 보는 각도에 따라 여러 가지 모양의 능선을 자랑하고 있었는데, 다양한 면모로 선의 아름다움을 간직한 오름이 신기하기만 했다. 그 당시의 일기장에는

'무어라 말할 수 없이 탁 트인 공간에서 상쾌해지는 기분, 바다가 아닌 다른 공간에서도 시원해지는 기분에 정상에 다다르니 보이는 바다는 덤인 듯.' '제일 중요한 것, 기억해야 하는 걸 기억하자, 바로 이런 풍경들.' '풍경을 내가 찾아가는 것이기도 하지만 풍경이 나를 부르기도 한다. 풍경 역시 마찬가지다.'

라는 글이 적혀있었다.

제주도를 다니다 보면 가끔 풍경이 자꾸 손짓 하는 것만 같은 느낌이 들 때가 있다. 그렇게 풍경이 또 한 번 손짓하길 기다리며 다음번 제주를 제주를 기다려 본다.

# 해와 달

　제주도에서는 시간과 장소만 잘 맞추면 일출과 일몰을 다 볼수 있다는 장점이 있다. 나는 일출과 일몰을 보는 것을 좋아해서 여행 중에는 가끔 뜨는 해와 지는 해를 보곤 하는데, 제주도에서 인상적인 일몰은 올레 7코스를 걷다가 본 장면이었다.

　사실 그날은 일몰을 보려고 바닷가로 나선 것은 아니다. 제주 도민이 서귀포 여고 앞바다가 멋지다는 얘기를 하여 같이 바다 산책을 갔는데, 시간이 마침 저녁때여서 의도치 않게 일몰을 보게 된 것이다.

　우리나라의 일몰이라고 해야 할지 동남아의 일몰 같다고 해야할지 모를 정도로 이국적인 일몰이었다. 그런 것이 제주도의 일몰이라고 받아들이게 만든 장면이었다. 바닷가의 하늘은 해가 지는 가운데 점차 붉게 물들기 시작했다. 단순히 주황빛이라고 하기엔 부족하고 분홍색을 약간 섞어 놓은 것 같은 붉은 색이었다. 그런 가운데 바다 위에 작은 바위 섬 사이로 달까지 뜨기 시작했다. 한 폭의 동양화와 같은 풍경이었다.

해가 지고 달이 뜨자 이제는 달빛이 온 주변을 어루만졌다. 달무리가 생기면서 하늘은 이루 말할 수 없는 환상적인 풍경을 자아냈다. 이를 사진으로 담으려고 했으나 역시 좋은 풍경은 눈으로 봐야 하는 법인지 카메라는 달빛의 느낌을 잡아내지 못했다. 말로 표현하기 힘드니 그림으로 비유하자면 신윤복의 '월하정인'에 나오는 달빛을 보는 것처럼, 은은한 빛깔이 밤하늘을 수놓고 밤바다에 출렁거리고 있었다.

이 날은 해와 달이 나에게 큰 선물을 준 것 같은 그런 날이었다. 일몰의 환상에 더해져 달빛까지 마음을 적시는 아름다운 여름날의 제주도, 그리고 바다, 그날의 빛깔, 이런 풍경들이 머릿속에 쌓이고 쌓여 제주의 풍경들이 하나의 조각이 되어 머릿속에 떠다닌다.

# 제주의 여름밤

　나에게 특별함을 준 제주의 여름밤이 있다. 바로 '제주 국제 관악제'이다. 일 년에 한 번 제주도 일대에서 열리는 국제 관악제 소식을 들은 후, 천지연 폭포 야외 공연장에서 하는 공연을 구경 간 적이 있다. 언제부터인가 클래식을 좋아하며 FM 93.1 주파수를 즐겨들으며, 일 년에 2-3번은 공연장을 찾는 초보 클래식 애호가인 나에게 관악제는 제주도에 대한 또 다른, 즉 문화적인 측면의 기대를 가지게 했다.

　그리하여 찾은 공연장은 일단 분위기가 압도적이었다. 대자연 앞에서 펼쳐지는 공연이라는 것이 무척이나 이상적인 곳이었으며, 그것도 제주도의 푸른 여름밤에 일어나는 행사라는 것이 매우 낭만적으로 다가왔다.

　어두운 밤 조명으로 빛나던 마치 진주를 품은 조개 껍데기 같은 둥근 공연장 돔 안에서는 진주와 같은 사람들이 나와 공연을 펼쳤다. 이날 공연은 음악적으로 전문적이었는지 아니었는지는 모르겠지만, 야외공연장에서 듣기에 적합한 무대를 장식하여 사람들을 감동시켰다.

　제주도의 여름날에는 레저 스포츠와 같은 것만 있을 줄 알았지, 이렇게 문화적으로 즐길 수 있는 행사가 있다는 것은 제주도 여행에 대한 다양성을 고려하게 하였다.

　국제관악제에서는 실내 공연도 하고 있었는데, 서울에서도 볼 수 있는 실내 공연보다는 제주도의 대자연을 느낄 수 있는 야외 공연이 제주도와 잘 어울린다는 생각이 들었다. 역시, 제주도의 자연은 무엇을 해도 좋다~!

# 현지인처럼

  제주도에서 하고 싶은 것 중 하나는 현지인처럼 슬리퍼를 끌고 나가 숙소에서 먹을 장도 보고, 그냥 어슬렁거리면서 동네 산책도 하고, 지나가다 보이는 분위기 좋은 카페에서 차도 한잔하고 그런 것이었다. 한 번은 이중섭 거리 근처에서 장기간 머문 적이 있는데, 그 때 나의 '현지인' 흉내 내기가 시작되었다. 아무 옷이나 막 입고 세수도 하는 둥 마는 둥 하고 동네 배회하기, 여기서 중요한 건 슬리퍼를 직~직~ 끌고 다니는 것이다. 평상시 운동화를 즐겨 신는 나에게 있어 슬리퍼를 신는다는 것은 '발에 자유를 줄 테니 어디 한 번 즐겨보라'는 것을 의미한다. 그래서 슬리퍼도 일부러 제주도의 어떤 가게에서 구입했다. 미리 준비

하지 않고 현지인처럼, 현지에서 물건을 사고 모든 충족을 제주에서 해결하는 시간을 가졌다.

근데, 그렇게 현지인처럼 며칠 지내다보니 제주도민이 한 말이 몸소 다가왔다. '제주도는 삼다수 빼고 다 비싸' 다는 현지인의 한숨 어린 소리가 슈퍼에 갈 때마다 느껴졌다. 사실 제주도 음식점의 물가가 비싼 건 이미 알고 있던 터라 음식재료를 사서 끼니를 해결하면 경비를 줄일 수 있을 것이라 생각했는데, 그것이 생각보다 쉽진 않았다. 일단 제주도에서 파는 물건은 서울에 비하면 몇 백원씩 비쌌다. 물론 사먹는 음식보다는 싸지만, 재료값에서 조금의 아쉬움을 느끼며, 제주에서 사는 것이 생활비가 더 많이 들어간다는 것을 깨달았다. 동시에 제주 음식점이 상대적으로 비싼 것에는 이유가 있다는 생각도 했다.

계산대에서 계산을 할 때, 물건값이 조금 비싸 아쉽기도 했지만, 그래도 생활인 같은 장보기 품목에 왠지 제주도민이 된 것 같은 기분을 살짝 느끼며 설레기도 하였다. 그럴 때면 물건값이 얼마쯤 비싼 것이 대수롭지 않게 느껴지기도 했다. 친근한 기분, 하지만 아직은 현지인은 아니고 현지인이 되어보고 싶은 로망을 실천하는 것도 나쁘지 않은 경험이었다.

# 돌고래

  사람들은 가끔 묻는다. 제주도에서 무엇이 가장 좋았냐고? 가장 재미있는 일은 무엇이었냐고? 물론, 대답할 것은 많지만 현재 우리나라 사람들 - 특히, 그런 질문을 하는 부류의 사람들-은 제주도를 여러 번 다녀온 경우가 많다. 그래서 나는 조금 특별한 경험을 그들에게 얘기하곤 한다. '돌고래 탐방'이 재미있었다고.

  나는 물에 들어가는 것을 별로 좋아하지 않는다. 그래서 돌고래를 만나기 위해 보트를 타는 것도 그다지 신나는 일은 아니었다. 그런 내가 돌고래를 만나러 가게 된 것은 순전히 게하의 주인 언니와 게하 식구들 때문이었다. 게하의 언니는 돌고래 탐방

사업을 하고 있던 사람을 우리에게 소개시켜 주었고, 자연스럽게 탐방 얘기가 등장하게 된다. 돌고래 탐방 사장님은 이렇게 만난 것도 인연이니, 내일 있을 탐방에 빈자리를 할인해 주겠다고 한다. 게하 식구들은 환호했고, 나는 '돌고래? 음, 잘 모르겠는데' 라고 생각하며 얼떨떨한 채로 길을 떠났다.

비옷을 챙겨 입고 보트를 타고 바다로 나간다. 몇 분 지나지 않아 망망대해가 펼쳐지니, 두려움이 앞선다. 그러다가 갑자기 나도 모르게 "와!"하고 소리를 질러 버렸다. 돌고래가 정말 나타난 것이다. 야생 돌고래가 보트 주변을 지나다니는 광경은 굉장했다. 나는 연신 "와!", "와!" 라고 하며 카메라를 동영상 모드로 전환한 채 돌고래에서 눈을 떼지 못하였다. 동물원이 아닌 진짜 살아있는 야생의 돌고래를 만난다는 것이 이렇게 신나는 일인 것을 미처 몰랐었다. 돌고래 한 마리는 보트 주위를 맴돌기도 했는데, 이는 사람들에게 같이 놀자는 신호라고 했다. 그렇게 보트 주변을 같이 헤엄치는 몸이 매끈한 돌고래를 하염없이 바라보는 일은 정말 제주도에서 할 수 있는 별 다섯 개짜리 특별한 경험이었다.

돌고래 탐방시간이 끝나고 항구로 돌아오는 길에는 탐방 전, 심드렁했던 나는 온데간데없고 시간이 너무나 빨리 지나간 것에 대해 아쉬워하는 나를 발견할 수 있었다. 그렇게 아쉬워하는 나에게 게하 식구 중 한 명이 자기는 해변에서도 돌고래를 본 적이 있다고 얘기해 주었다. 운이 좋으면 해변가에서도 돌고래를 만날 수 있다고 하며, 떼를 지어 다니는 모습은 정말 장관이라고 하였다. 인터넷으로 찾아보니 돌고래가 자주 출몰하는 지역 해변가에 돌고래를 조망할 수 있는 곳이 조성되어 있었다. 다음번에는 대정읍 돌고래 해안 도로 같은 그런 해안가에 멍하니 앉아 돌고래가 지나가길 기다려 봐야겠다.

# 물놀이

   나는 정적인 편이다. 그래서 액티비티 스포츠 같은 활동적인 운동을 별로 좋아하지 않는다. 아니 어쩌면 운동 자체를 싫어한다고 해도 과언이 아니다. 평소 요가 같은 잔잔하면서 명상에 빠질 수 있는 운동을 그나마 좋아하는 내게 바다에서 노는 것이란 참 어렵고 낯선 일이다. 하지만, 여름 제주도에서 바닷물에 몸 한 번 적시지 않고 있으니, 내가 여름 제주를 제대로 즐기고 있는가에 대한 의문이 들었다. 그 때 마침 서울에서 며칠 지내러 온 친구는 물놀이를 하고 싶어했고, 그녀의 뜻에 따라 우리는 바다를 향해 떠났다. 어느 바다를 갈까 고민하다가 표선 바다로 향했다. 우리는 서귀포 구 시내에 머물고 있었는데, 표선까지 간 것은 파도 주의보가 떠서 웬만한 해수욕장은 출입이 통제된 상태였기 때문이다. 그래서 물이 얕고 잔잔한 바다인 표선 바다의 상황은 괜찮지 않을까? 하는 추측을 하고 길을 떠난 것이다. 도착해보니 표선 바다는 부분 통제 중이었다. 무릎 정도 오는 깊이까지는 바다에 들어갈 수 있고, 그 이상은 입수가 금지된 상태였다. 동행한 친구는 비록 얕은 물에라도 들어가고 싶어 하는 눈치였으나, 무릎 깊이 밖에 안 되는 곳에서 놀고 싶지 않았던 나는 다음 날을 기약하자고 했다.

  그리고 다음날, 태풍주의보가 해제되었기에 우리는 가까운 황우지 해안으로 가기로 한다. 친구는 래쉬가드를 챙겨 입는 등 채비를 단단히 하였고, 나 역시 이번에는 물놀이를 할 적당한 옷을 챙겨 입고 길을 나섰다. 그런데 이곳은 바람이 세서 해수욕장과 달리 입수가 금지된 상태였다. 이 더운 여름에 래쉬가드까지 챙겨 입은 친구는 울상이 되었다. 여름 제주를 즐겨야겠다는 생각에 추진된 물놀이는 역시 나하고는 안 어울리나 보다 하고 마음을 접어야 했다. 이것이 여름 제주에서의 첫 번째 도전이었고, 아직은 다음 도전을 기약할 수 없지만, 언젠가는 제주 바다에 '첨벙' 하고 한 번쯤은 빠져보고 싶다.

# 쇠소깍 조각배

　태풍으로 물놀이를 할 수 없게 된 친구와 나는 다른 행선지를 찾게 되었고, 그 중에 쇠소깍 조각배(카약) 타기가 친구의 눈에 들어오게 된다. 물놀이에 실패한 친구는 조각배라도 타며 자신의 헛헛한 마음을 달래야겠다고 했다. 그래서 이번에는 조각배 타기에 도전하게 된다. 사실 나는 물에서 하는 레포츠를 거의 해본 적이 없다. 돌고래를 보기 위해 탄 보트도 난생 처음 탄 것이고, 작은 배 종류도 아직까지 타본 적이 없었다.

　물에 대한 두려움 때문인지 쇠소깍의 짙은 녹색의 물이 갑자기 검게 느껴졌다. 저거 안전할까? 내가 타서 조각배가 가라앉는 것은 아닐까? 하는 온갖 불길한 생각들이 머릿속을 스쳐갔지만, 다른 사람들도 다 타고 있었고 안전요원까지 있는 상황이라 나름 괜찮다고 합리화하며 표를 샀다. 구명조끼를 입고 승강장으로 갔다. 작은 조각배는 2인용인데 두 명 중 한 명이 노를 저어야 했다. 키가 큰 내가 노를 젓기로 하고 배에 올라탔다. 배는 약간 휘청거렸지만, 가라앉지 않았다. 하지만, 노를 처음 저어보는 나로서는 이것을 어떻게 사용해야 하는지 감을 잡기가 어려웠다. 우리 배는 앞으로 나아가지 못하고 제자리에서 어물쩡거리게 되었다. 보다 못한 안전요원이 가까이 와서 노 젓는 방법을 설명해 줬고, 그제서야 방법을 조금 알게 된 우리 배는 앞으로 나아갈 수 있었다.

노를 저으면서 물이 굉장히 깊다는 것을 느끼게 되었고, 이렇게 깊은 물 위에 나무 조각배가 떠있는 사실이 굉장히 신기했다. 게다가 나같은 초보의 노 젓기에도 배가 앞으로 나아가는 것은 더 신기했다. 그렇게 조금씩 배 안에서 안정을 찾은 나는 사진도 찍고, 배안에서 즐겁게 노를 저으며 왕복 운행을 하였다. 마지막에 노를 저어 승강장 앞에 주차를 할 때는 배를 정해진 곳에 정확히 갖다 놓고 뿌듯함을 느끼기도 했다.

그동안 쇠소깍을 여러 번 다녀 갔지만 위에서 내려다 보기만 했지, 같은 눈높이에서 쇠소깍을 바라보는 일은 처음이었다. 바위들의 모양새가 더 또렷히 보이는 것이 느껴졌고, 이파리들에서 원시림의 특성을 잘 볼 수 있었다. 그렇게 가슴을 졸이며 배를 타는 20분 가량의 시간은 생각보다 빨리 지나갔고, 생소하면서도 또 다른 느낌의 쇠소깍을 만난 기분이 들었다. 자주는 아니지만, 가끔은 새로운 도전을 하는 것은 시야를 넓히는 데에 좋은 경험이 된다.

# 눈썰매

어린 시절 겨울, 시골에 가면 동네 낮은 산에 비료포대를 가지고 올라 눈썰매를 타곤 했다. 동네 뒷산에 눈이 쌓이면 자연스럽게 눈썰매장이 만들어지곤 했던 것이다. 지금처럼 인공적인 눈썰매장이 아닌 그야말로 '자연'에서 놀기였던 것이다. 그 시절에는 미끌미끌하고 독특한 재질의 비료포대 한 장만 있으면 하루 종일 즐겁게 눈썰매를 탈 수 있었다. 그런 눈썰매를 제주도에서 즐길 수 있다는 것을 한달살기를 통해 알게 되었다.

겨울 제주, 한라산을 가는 길 곳곳의 언덕에는 눈이 쌓인다. 적당한 언덕은 눈썰매장이 되고, 그 썰매장 아래에서는 어묵을 팔며 플라스틱 눈썰매를 빌려주는 트럭이 있다. 게하 식구들과 함께 그러한 눈썰매장을 발견한 후, 적당한 날을 골라 눈썰매를 타러 가기로 한다.

**\* 눈썰매 타는 법 \***

일, 눈에 젖어도 괜찮은 옷을 골라 입고 출발

이, 적당히 높이가 있으며 눈이 잘 쌓인 언덕 고르기

삼, 썰매 빌리기

사, 언덕 위로 썰매를 끌고 올라가기

오, 사정없이 썰매를 타고 내려오기

이렇게 사정없이 눈에 미끄러져 언덕을 내려오면, 정말이지 어린아이가 된 것 같은 느낌을 받는다. 자연 눈썰매장 같은 건 어릴 적 시골에만 있는 줄 알았는데, 역시 제주도는 여러 가지 즐거움을 주는 곳이라는 것을 다시 한 번 깨닫고 감탄했던 기억이 난다.

그렇게 눈썰매를 즐기고 나서, 겨울 한라산에 올라갔을 때 영실에서 눈썰매를 타는 사람들을 보게 되었다. 아쉽게도 그때 나에게는 썰매를 대용할 비닐 같은 것이 없어 영실에서 눈썰매를 타진 못했다. -다음 겨울 산행 때는 꼭 비닐을 챙겨가리라 -

겨울에는 사람들도 움츠러들고 모든 것이 작아지는 느낌인데, 제주도의 대자연은 다양한 즐길 거리로 사람들에게 특별함을 선물하는 곳이라는 생각이 든다.

# 제주카페

　제주 여행을 다니면서 지역마다 빼놓지 않고 가는 곳이 있다. 바로 '제주카페'이다. 뜨거운 여름에는 더위를 식히기 위해, 추운 겨울에는 몸을 녹이기 위해 오전시간이나 오후시간에 잠깐 들리곤 한다. 새로운 공간을 좋아하는 나는, 새로운 카페를 가는 것을 좋아해서 같은 동네를 가더라도 꼭 안 가 본 곳을 찾아가곤 한다. 이를 위해 평상시 인터넷에서 새로운 카페에 대한 정보가 나오면 캡처한 후 '여행수집' 이라는 폴더에 저장해 두곤 한다. 그래서 제주도에서도 새로운 카페가 오픈하면 일부러 찾아가 보곤 한다.

　제주카페는 제주도만큼 여유롭게 영업을 하는 편이다. 주 2-3

일을 쉬는 것은 당연한 일이고, 저녁 6시 이후에는 문을 닫는다. -그래서 제주 카페에 갈 때는 꼭 영업시간을 확인하고 가야 한다.- 그래서인지 커피 맛으로 유명하며 방송에도 나온 카페에서도 여유로움이 느껴진다. 서울에서 줄 서서 먹는 카페와 차원이 다른 느낌. 즐겁게 커피를 내리는 바리스타들의 모습에서 여기가 진정 제주도구나!라는 느낌을 받게 된다.

지금까지 여러 카페를 가봤고, 앞서 말했듯이 새로운 곳을 찾아다니는 편임에도 불구하고 내 마음속 카페가 생겼는데, 그것은 내가 좋아하는 오름과 이름이 같은 '다랑쉬'이다. 제주시에 위치한 이곳에는 세 번 정도 갔었는데, 편안함과 제주의 한가로움을 느낄 수 있었다. 그리고 제주시에 위치했지만, 번화가가 아닌 한적한 동네에 위치한 것도 옛집의 틀을 그대로 두고 현대적인 재료를 덧붙인 것도 마음에 든다. 마치, 과거와 현대가 만나는 느낌이라고 해야 할까? 건축가 손자가 할머니 집을 개조해 만든 곳이라고 하는데 옛날 집의 서까래가 그대로 드러나 있으며 옛날 집의 돌담의 흔적도 볼 수 있다. 게다가 카페 구석구석에 놓인 가족사진 같은 것에서 세월의 흔적을 느낄 수 있었다. 또한 전문적인 지식을 알 수 있는 도서들까지 전시되고 있어, 소품마다 주인장의 센스가 돋보이는 카페이다. 특히 돌로 만든 테이블과 창문으로 만든 테이블이 매우 독특하다는 인상을 준다. 게다가 아무리 공간이 좋아도 커피 맛이 없으면 가지 않는 것이 당연한 일일텐데, 커피 맛도 보통 이상이라서 제주시에 볼일이 있으면 '꼭 들려야지'하고 생각하게 만드는 곳이다. 인터넷이 발달한 요즘은 다들 이런 곳을 잘 알아내서-이미 잡지에도 소개되었다-지난 여름에 갔을 때 카페 안에 앉을 자리가 없이 사진을 찍는 사람들로 가득 차 있었다. 왠지 나만 알고 싶은 공간이 사라진 것 같아 약간 아쉬웠지만 그래도 여전히 좋은 공간이라는 사실만큼은 인정할 수밖에 없다.

　최근 제주에 난개발이 많아 제주가 몸살을 앓고 있다던데, '다랑쉬' 카페 같이 제주의 현대와 과거가 공존할 수 있는 개발이 많아지면 좋을 것 같다는 생각이 들었다.

## 제주책방

    종달리에는 작은 동네 책방이 있다. 동네 책방의 시조새 급인 이 책방에는 2015년 처음 갔었다. 이 작은 동네에 책방이라니! 정말, 뜻밖의 발상이라 처음에는 매우 낯설었고 과연 장사가 될 까? 하는 걱정도 들었는데, 이제는 유명 책방이 되어 갈 때마다 사람들로 북적인다. 그리고 마지막으로 갔을 때도 북 콘서트 준 비가 한창이라 책방 안을 구경할 수가 없었다. -이래서 인스타 그램으로 오픈 시간을 확인해야 한다 -

    이제는 제주 책방 지도, 책방 투어 스탬프가 생길 정도로 제주 에는 많은 책방이 생겨났다. 새로운 공간을 좋아하는 나로서는 매우 반가운 일이지만, 저렇게 많은 공간이 어떻게 운영되는지,

다들 뭐 먹고 사는지 궁금하기는 하다. - 쓸데없는 오지랖-

　암튼 현재 내가 가장 좋아하는 책방은 책방이라기보다는 북카페에 가까운 공간이다. '람'이라는 고양이가 있는 이 공간은 겨울 한달살이 할 때 게하 주인 언니 덕에 알게 되었다. 눈이 며칠 간 내리고, 할 일이 없어 심심해하던 우리에게 게하 주인 언니는 정말 좋은 공간이 있다며 북카페를 소개시켜 주었다.

　'람'이는 출근 날짜가 있었는데, 아쉽게도 그날은 람이가 쉬는 날이라서 책만 보다 왔다. 이 곳의 공간을 글로 설명하긴 힘들지만, 그래도 적어보자면 복층 구조로 되어있고, 다락방 같은 편안함을 선사한다. 무엇보다 공간들이 분리되어 있고 테이블이 떨어져 있어서 나 혼자만의 독립된 공간을 사용하는 느낌을 받을 수 있다. 그런 편안한 공간에서 새로운 책들에 둘러싸여 마치 모든 책이 내 것인 것만 같은 착각을 하며 책을 보다 창밖을 보다, 졸면서 책을 보다가 하면서 여유를 즐겼던 기억이 난다.

　두 번째로 간 날은 다행히 '람'이의 출근 날. 그런데 사람을 많이 만나서인지, 고양이여서 그런지 이 녀석은 매우 도도했다. 겨우 람이의 사진을 한 장 찍고 지난번과 다른 자리에 앉아 이 책, 저 책 뒤적거리다가 왔다. 재미있는 것은 처음 갔을 때, 그리고 두 번째 갔을 때 동행한 친구들이 책과 함께 숙면을 취했다는 것이다. 편안한 공간에서 안식을 취할 수 있는 공간은 편히 쉬어 갈 수 있는 최고의 여행지가 되곤 한다.

# 비행기 앞자리

나는 평소 시간에 쫓겨 다니는 편이다. 여유를 두고 미리 가서 기다리기보다는 시간을 간당간당하게 가서 가슴을 졸이며 겨우 목적지에 도착하는 편이다. 이 안 좋은 버릇은 비행기를 탈 때 조차 예외가 아니었다. 한 번은 기차나 버스를 타듯이 비행기 시간에 맞춰 공항에 도착하여 비행기를 놓친 적이 있다. 이 정도로 가끔은 대책이 없다. 그때의 경험으로 국내선은 비행시간 20분 전까지 수속해야 한다는 사실을 알게 되었다. 이후 공항에는 30분 전 도착을 목표로 시간을 계산해서 도착하곤 한다. 올 여름에 비행기를 탈 때 어쩌다 보니 또, 20분 전에 겨우 공항에 도착했다. 이 때는 집에서 50분이 소요되는 공항까지 가기 위해 지

하철 첫차인 5시 31분 차를 타고 움직였는데도 시간이 빠듯했다. 싼 표를 사기 위해 너무 이른 시간의 비행기 표를 예약한 탓에 의도와 달리 또 다시, 지각 위기에 직면하게 되었다. 얼른 출발 층으로 올라가서 기계로 체크인을 하려고 하는데, 기계가 날 거부한다. 카운터로 달려가서 "저 7시 비행기인데 어떡하죠?"라고 쩔쩔매며 직원에게 도움을 요청한다. 직원은 남은 좌석 중에 하나를 주겠다고 했다. 그리고 탑승구까지 빨리 뛰어가라고 했다. 그렇게 헐레벌떡 수하물 검색대를 통과하여 비행기 기내에 도착했는데, 무언가 좀 이상하다. 내자리가 맨 앞자리인 것이다. 저가항공에서 빨간색으로 등받이가 부착된 곳으로 원래 추가 요금을 지불하고 타야하는 자리인데 왜 내 자리이지 하고 의심한다. 비행기 표와 좌석표를 번갈아 보다가 자리에 앉는다. 좌석표와 비행기 표를 계속 확인한다. 다행히 내 자리로 와서 비켜달라는 사람은 없다. 나중에 옆 사람과 이야기를 하다가 알게 되었는데, 자신들도 늦게 체크인을 했더니 앞자리로 배정을 받았다고 하는 것이다. 비행기 좌석이 모자라서 마지막에는 좋은 자리에도 사람을 앉히는 모양이었다. 고의는 아니었지만 나의 게으름이 앞자리를 득템하는 운을 가져온 것이다. 덕분에 발을 앞으로 편히 뻗고 50분의 비행시간을 즐길 수 있었다. 이러고 보

니 고쳐야할 습관이기는 하지만, 나의 게으른 습관이 가끔은 쓸
만하기도 하다는 느낌! – 사실 온라인 체크인을 해서 미리 자리
를 선점하는 방법이 있기도 하지만, 종이로 된 탑승권을 다이어
리에 붙이고 수집해야 하는 나로서는 온라인 체크인 하는 것이
못마땅하다는….–

# 비행기 표 싸게 사기

  제주도를 자주 가고 싶은 마음은 제주행 비행기 표를 싸게 사고 싶은 마음으로 이어진다. 비행기 표를 천원이라도 싸게 사고자 모든 저가 항공사의 사이트에 회원가입을 하고 어플을 받아 알림문자를 받는다. 그러한 결과 비행기 표는 비즈니스 석은 빼고 여러 가지 가격과 형태로 사본 것 같다. 주말 비행기 표는 주로 정가를 주고 사게 되는 것 같아 어떻게 하면 좋을까? 궁리하던 중 이벤트 기간에 사면 특가 운임으로 살 수 있다는 것을 터득했다. 하지만, 특가 운임으로 구매하기 위해서는 정해진 시간에 광클릭를 해야 하기 때문에 컴퓨터 스킬이 부족한 나에게는 어려운 것이 사실이다. 그럼에도 불구하고 비행기 표를 최저가로 싸게 산 적이 있는데, 그것은 애매한 시간의 비행기 표를 구매하는 것이다. 예를 들어, 오후 4-5시의 김포발 제주행을 사면 표가 약간 싸다. 그리고 제주도민의 이야기에 의하면 주말이 아닌 수, 목요일의 비행기 표가 좀 싼 편이라고 한다.

비행기 표는 시간대별로 가격이 약간씩 달라지기 때문에 수시로, 홈페이지를 들어가서 확인하고 적당한 시간 때의 합리적이라고 생각하는 가격을 잡아내어 사야한다. 전날 구매한다고 무조건 표가 싸지는 것도 아니기 때문에 타이밍을 잡는 것이 매우 중요하다.

최근에 한 번은 토요일에 김포발 제주 비행기를 타게 되었는데, 적당한 가격대를 잡아내기 위해 며칠 간 홈페이지를 들락거리며 때를 기다렸다. 계속 내가 원하는 가격의 표가 나오지 않아 전날까지 기다리다 보니 오히려 싼 표가 사라져서 처음 봤던 가격과 비슷한 수준의 표로 골라서 구매한 경험이 있다. 그 정도면 최저가에는 못 미치지만 그래도 만족할 만한 가격대에서 구매한 편에 속한다. 홈페이지에 들락거리는 시간과 공을 생각하면 적당한 가격이 있을 때에 표를 빨리 구매하는 것이 손해를 덜 보는 일인지도 모른다. 나 같은 경우는 비행기 표를 사기까지 들이는 시간이 꽤 필요해서, 시간적인 손실이 발생한다. 문제는 소심한 성격 탓에 비행기 표를 일찍 산 경우에도 혹시 내 표보다 더 싼 표가 나온 건 아닌가? 질투하며 비행기를 타는 날까지 홈페이지를 들락거린다는 것에 있다. 이런 소심함 덕에 이제는 그냥 전날이나 전전날 비행기 표를 사게 되는 것 같다. 이렇게 수없이 제주도를 오고 갔지만, 비행기 표를 천원이라도 싸게 사고 싶은 마음은 여전하다. 그러기에 앞으로도 홈페이지 들락거리기는 계속 될 것으로 예상된다.

# 수하물 검색대

제주행 비행기를 자주 타다 보니 국내선 비행기 기내에서 허용되는 항목에 대해 나름 알고 있었다고 생각했는데, 생각 외로 안 되는 항목이 있어서 당황했던 적이 있다.

그것은 바로 '물감'이었다. 한 번은 동양화 물감을 가지고 비행기를 타려고 했는데 물감이 수하물 검색대에 걸린 것이었다. 그때 치약과 비슷한 형태로 된 물감을 기계가 잡아냈다는 것에 깜짝 놀랐었다. 매번 형식상 하는 것처럼 느꼈던 검색대에 그렇게 정교한 기술이 있었다는 것에 감탄했다. 문제는 동양화 물감의 성분이 튜브 커버에 제대로 적혀있지 않았다는 것에 있었다. 기름 성분이 있는 유화 물감은 기내에 소지가 불가하기 때문에 영어로 'water'나, 수용성이라고 적혀 있기만 했으면 수하물 검색대에서 걸렸어도 들고 탈 수가 있다고 한다. 그런데 내가 가진 동양화 물감에는 성분에 대한 정보가 없었다. 비행사 직원은 여기 저기 전화해서 정보를 알아보려는 노력을 한 끝에 성분을 알아내지 못하였다. 결국 물감을 버리던지 아니면 다른 비행기를 알아보라고 했다. 매우 억울한 나는 이대로 물러서지 말아야겠다는 생각으로 다른 방법을 찾아달라고 요구했다. 다행히 직원은 사무실에 보관해 둘테니 김포공항에 다시 들릴 적에 찾아가라고 했다. 휴~ 하마터면 나의 소중한 물감들이 쓰레기 통에 쳐박힐 뻔 했는데 천만 다행이었다. 그렇게 비행기에 무사히 탑승해서 돌아오는 길에 물감을 되찾을 수 있었다.

두 번째로 걸린 물품은 '호분'이라는 흰색 동양화 채색용 '가루' 물감이다. 가루이기 때문에 이것은 왜 걸렸는지 다들 예상할 것이다. 마치 무슨 약 같은 하얀 가루를 한 봉지나 가지고 탔으니, 수하물 검색대에 걸릴 만도 한 것 같다. 검색대에서는 잠시 기다리라고 하고 작은 종이를 가지고 와서 성분을 검사한 후 보내주었다. 나는 검사하는 동안 동양화 채색 물감이라고 열심히 설명을 했다. 검사 후 호분은 기내에 들고 탈 수 있었다. 다행히 공항 직원들은 친절한 편이었고 확실한 증거(?)가 나오기 전까지

내 이야기를 잘 들어주고 의심하지 않는 눈치였다.

비행기를 많이 타고 제주도에 장기간 머물다보니 수하물 검색대에 걸리기도 하고 별별 일이 다 생기기도 하나보다.

# 올레 1코스

내가 아는 사람 중에는 음식점에 가서 모르는 음식들로 가득하거나, 메뉴 선정이 어려울 때 첫 번째 메뉴를 고르는 사람이 있다. 그 분의 말에 따르면 하고 많은 것들 중에 첫 번째인 것에는 분명 이유가 있다면서, 첫 번째로 이름 붙여진 것의 의미에 대해 얘기를 하였다. 그러면서 올레길도 1코스가 정말 좋다며 나에게 추천을 해주었다. 제주도를 여러 번 다녀갔음에도 올레길을 한 코스라도 완주한 경험은 없었기에, 아직은 쌀쌀한 겨울이지만 햇살이 가득했던 날, 올레 1코스를 정주행하기로 마음을 먹고 아침 일찍 길을 나섰다.

이때는 올레길의 유명세가 한풀 꺾인 시즌이었지만, 1코스라서 그런지 걷는 사람들이 꽤 있었다. 1코스 중간 지점에서 알오름을 만났을 때, 올레길 중간에 이런 모습이 있구나! 역시 1코스인가! 하며 감탄했던 기억이 생생하다. 풀들이 바람에 날리는 모습에 반하여 그 자리에서 그림을 그리고 있었는데, 어떤 아저씨가 그림 그리는 나의 모습을 사진으로 찍어도 되냐고 물었다. 부끄러운 나머지 먼저 자리를 뜨려고 했는데, 걷다보니 그 아저씨와, 그리고 길을 걷다 만난, 1코스를 걷던 여러 사람들과 점심을 먹게 되었다.

장소는 뜻하지 않게 보였던 네팔 음식점, 1코스 중간에 보이는 식당을 보고 이렇게 제주도 올레길을 걷다가 네팔 음식을 먹는 것도 추억이 될 것이라고 한 어르신이 밥을 사겠다고 제안했다.

버스에서 사는 방랑자 아저씨, 올레길 전문가 제주도 아줌마, 야구광팬(LG) 어머니와 딸, 그리고 너무 친절한 매니저의 조합은 지금 생각해도 특이하다. 사실 해외여행 중에는 모르는 사람하고도 금방 친구가 되는데 우리나라 여행에서는 낯선 사람과 친구가 되기 쉽지 않다. 사실 동행인이 있는 경우가 대부분이기 때문에 친구를 새로 사귈 필요가 없기도 하다. 나 역시 제주 여행 중이 아니었다면 낯선 사람들에게 마음을 열고 밥을 먹는 일에 거리를 두었을 것이다. 그리고 낯선 사람에게 한 끼를 대접하겠다고 선뜻 나서는 이도 만나지 못했을 것이다. 무엇보다 이런 만남에 있어서 좋은 것은 만찬을 즐기고 나서 "우리는 제주를 사랑하는 사람들이니, 또 만날거야!" 라고 인사하며 쿨하게 헤어질 수 있다는 것이다. 이게 제주 여행만이 가진 또 다른 매력이 아닐까! 라는 생각이 든다.

# 광치기 해변

　그렇게 올레 1코스에서 만난 제주를 사랑하는 사람들과 헤어지고 나서 코스를 완주하기 위해 걷고 또 걸었다. 그런데 점심을 너무 길게 먹은 탓인지, 1코스 마지막 지점인 광치기 해변에 밤에 도달하게 된다. 아래는 그날 밤에 작성한 일기이다.

　'해변가를 밤에 혼자 걷기, 살짝 발을 삐끗했는데 정말 무서웠다. 여기서 잘못되면? 그냥 바다에 빠지면, 구조하는 데 한참 걸리겠구나…. 이런 생각들도 들었다. 자연은 정말 무섭다. 순식간에 '밤'이다. 해가 있다는 것이 이렇게 놀라운 일이었다니! 분명 성산일출봉 지날 때, 아직 환한 것 같아 괜찮겠지 했는데, 해변가를 지나가는 데 아무것도 안 보인다. 광치기 해변이 이렇게 무

서운 사람은 몇 안 될 것이다. 정말 깜깜한 해변'

지금 돌이켜 보니 무슨 생각으로 해변 길을 걸었는지 모르겠다. 정주행이 목표였기 때문에 미련을 버리지 못하고 광치기 해변을 걸었던 젊은이의 패기라고 하기엔 무식해 보인다.

성취를 중요하게 배우고 자란 사람이어서 그런지 여행을 가서도 목적지의 중요지점을 찍고 와야 직성이 풀린다던가, 체력이 다했는데 목표점을 무리해서 간다던가 하는 무리수를 두고 여행을 할 때가 있다. 앞서 얘기했지만, 무엇을 위한 여행인지 모르겠고, 무식하게 느껴지기까지 한다.

이날, 1코스를 정주행한 날도 목표를 달성하여 1코스 스탬프 찍기 미션에는 성공했지만, 한밤중에 깜깜하고 아무것도 안보이어서 도착한 것의 의미를 찾기가 힘들었다. 게다가 사고라도 났으면 어쩔라고 저랬는지 모르겠다.

그런 와중에도 그날 좀 무섭고 어리석었지만, 또 이렇게 하나를 달성했구나, 완주하길 잘 했어! 라는 생각이 스쳐지나간다. 아마 이런 나의 생각들이 무의식 속에 자리하고 있어서 그 날도 끝없이 걸어 완주를 했었나 보다. 나 같은 사람들의 생각이 모험심을 자극하여 여행 중에 사고가 나기도 하는 건 아닐까? 하는 생각이 든다.

그러한 한 밤의 광치기 해변과의 만남 후, 낮에 광치기 해변을 갈 기회가 생겼다. 광치기 해변은 이름에서 알 수 있듯이 바위들로 딱지치기를 할 수 있을 것 같이 넓고 평평한 면으로 조각난 바위가 펼쳐져 있었다. 게다가 저 멀리 성산일출봉이 보이는 풍경은 그야말로 사진이었다.

지난 번 올레 1코스를 걸을 때 광치기 해변에 도착했지만, 아무것도 보지 못하고 완주 스탬프만 찍는 것과는 다른 느낌이었다. 이렇게 독특한 모습의 광치기 해변을 구경하고 나니 여행에서 중요하게 생각하고 무엇에 의미를 찾아야 하는지 잘 생각하고 '그 의미에 맞는 여행을 해야겠다'는 생각이 들었다.

# 맨발의 비자림

    계하에서 만난 당찬 예비 고3 여학생이 있었다. 고3을 앞두고 마지막으로 마음을 다잡기 위해 혼자 제주도로 여행을 왔다고 했다. 처음에 고3이 여행을 혼자 왔다고 해서 참 신기하고, 딸아이를 혼자 여행 보낸 부모님도 대단하다는 생각을 했었다. 그런데 그 학생과 잠깐 대화를 하는 동안 또래에 비해 놀랍도록 성숙하며 타인을 배려하는 모습에 감탄하였다. 내가 부모라도 저 정도의 성숙한 아이라면 믿고 혼자 여행을 보내겠구나 하는 생각이 들게 하는 학생이었다. 나는 저 나이 때 마냥 철부지였던 것 같은데, 요즘 아이들은 다르구나라는 생각을 하게 만든 학생이었다.

아침을 먹고 비자림에 간다는 그녀와 동행하게 되었다. 그녀는 비자림 입구에서 신발을 벗더니 맨발로 걷기 시작했다. 자기는 비자림에 오면 꼭 맨발로 걷고 싶었다면서, 너무나 씩씩하게 걸어갔다. 그렇게 같이 비자림을 한 바퀴 돌고 나서 다음 목적지가 분명했던 학생은 먼저 길을 나섰고, 특별한 목적지가 없었던 나는 비자림을 한 바퀴 더 돌기로 한다. 갑자기 맨발로 걷는 것이 어떤 기분인지 궁금해진 나는 그녀처럼 신발을 벗고 씩씩하게 맨발로 걷기로 한다. 발바닥이 흙바닥에 닿을 때 차가우면서도 폭신한 느낌이 나쁘지 않아, 맨발로 한 바퀴를 돌게 되었다. 발에, 내 몸에 직접 닿는 흙을 느끼면서 마치 어린 시절 자유롭게 뛰놀던 옛날이 생각나기도 했다. 그렇게 맨발로 걷는 내 모습이 신기했는지 지나가던 어린이들이 계속 발을 쳐다보며 쑥덕거리는 것도 볼 수 있었다. 사실 속으로는 '이렇게 걷는 내가 나도 신기하다'는 말을 중얼거리면서 붉은 흙이 묻은 맨발을 사진으로 남겼다.

당차고 씩씩했던 그 학생 덕분에 비자림을 걷는 새로운 방법에 대해 알게 된 날, 땅과 더 가까워진 것 같은 느낌을 받았다. 자연과 친해지는 데에는 많은 노력이 필요하지 않다는 것을 새롭게 깨달았다. 간호학을 전공하고 싶다는, 제주도가 좋다는 그

녀는 왠지 지금도 제주 어디에선가 홀로 씩씩하게 여행을 하고
있을 지도 모른다.

## 올레 14-1

저지리의 시인이었던 계하 주인은 올레 14-1코스가 곶자왈을 잘 보여주는 곳이라고 소개했었다. 그런데 이 코스는 혼자 가지 말라는 말이 너무 많아서 몇 년간 가지 못하고 있었다. 올레 14-1코스는 중간에 전화가 안 터지는 곳도 많고, 남자 혼자가도 무섭기도 하며, 길을 잃기가 십상이라고 하는 것이다. 게다가 그 당시에는 올레길에서 사고도 있었던 터라 올레 14-1 코스를 마음에 담고 갈 날을 고대하고 있었다. 그러다가 2018년 12월 말 계하에서 만난 같은 방을 쓰던 언니와 올레 14-1 코스를 가게 된다. 나보다 많이 씩씩했던 그 언니는 내가 그 곳에 가고 싶다고 하자 자기도 궁금했었다며 흔쾌히 같이 가자고 했다. 그날은 때마침 눈도 내릴 거라는 일기예보가 있었는데, 계하 주인 언니의 말로는 '접신'하기에 딱 좋은 날씨라며 잘 다녀오라고 했다. '접신'이라는 단어에 좀 무섭기도 했지만 동행이 있다는 것만으로도 용기가 생기는 날이었다.

14-1코스는 오설록에서 시작하기 때문에 오설록을 뒤에 두고 숲을 향해 들어가기 시작했다. 곶자왈 지대인 이곳은 정말 인적이 드문 곳이구나 하는 생각이 들 정도로 길에 잡초들이나 넝쿨들이 많았다. 그래도 올레 리본이 잘 설치되어 있어서 길을 잘 찾으며 걸어갈 수 있었다. -빨간 리본은 들어가지 말라는 표시이니 들어가지 말아야 한다, 잘못하면 길을 잃을 수 있다-

곶자왈 지대라서 그런지 눈이 오는 날씨임에도 계절을 알 수 없었다. 겨울인 것 같긴 한데, 푸른 잎들이나 열매 달린 식물들이 종종 보였다. 역시 기대를 저버리지 않는 신비한 곳이었다. 어떤 나무에는 덩굴이 너무 많이 달려 있어 나무가 힘들어 보이기도 했다. 그리고 봉우리가 맺혀 곧 있으면 필 것 같은 백서향도 길가에 종종 보였다. 일찍 핀 작은 꽃이 흰눈 자락에 더없이 청초하고 단아하게 느껴졌다.

그렇게 나는 또 어느 계절에 와 있는가? 제주도 곶자왈의 신비는 언제까지 계속될까? 하는 등등의 생각을 하며 리본을 따라

가다보니 어느 새 14-1코스가 끝이 나 버렸다. 생각보다 짧은 코스라서 아쉬움이 남았지만, 다음 만남을 기약하며 탐방을 마치기로 했다.

동행이 있어서인지 길을 잃지 않고 코스를 완주한 덕에 혼자서 이곳에 갈 용기가 생긴 나는 다음달 제주를 방문했을 때 혼자 14-1코스에 가기로 한다. 이번에는 혼자 찬찬히 곶자왈을 감상해야겠다고 생각하고 곶자왈 지대만 왕복하기로 한다.

날이 좋아 푸른 콩짜개, 이끼 등이 눈에 잘 띄었다. 중간에 혼자 산책하는 강아지도 만나고, 전달보다 조금 더 피어있는 백서향도 볼 수 있었다. 리본을 잘 따라가며 곶자왈 지대의 매력에 빠져있다 보니 어느새 반환점까지 와서 다시 시작점인 오설록으로 돌아가기로 한다. 분명히 아까 오면서 본 풍경일텐데 뒤돌아서 다시 풍경을 보니 기분이 이상했다. 낯선 숲에 처음 온 곳에 온 것 같은 느낌을 받았다. 생각해보니 곶자왈은 올 때마다 신비롭고 이국적이라 여겨진다. 이렇게 곶자왈을 생각하며 글을 쓰다 보니 요즘 곶자왈 공유화 릴레이 캠페인을 진행하는 것이 생각이 났다. 나도 곶자왈 동반자가 되어 곶자왈이 계속 보존되어 계속 곶자왈을 즐길 수 있도록 참여해야겠다.

# 제주바다

   제주의 날씨와 하늘색은 날마다 아니 시시각각 변한다. 제주의 바다색을 딱 한마디로 정의내려 '파란'색이다, '에메랄드'색이다 등으로 표현하기에는 다소 어려움이 있다. 제주도 도민 친구도 매일 바다를 보며 살지만 바다색은 정말 매일 조금씩 다르다고 했다.

   사실 우리가 느낄 시간을 갖고 살지 못해서 그렇지 하늘색도 매일 조금씩 다르다. 그래서 하루하루의 하늘의 색을 기록한 화가의 그림도 존재한다. 아무튼 제주의 바다색은 매일 다르고 매시간 달라진다. 그리고 바다마다 그 색은 또 다르다. 같은 제주도 안에서 바다색이 이리도 다르다니… 그래서 한달살기를 하는 동안 바닷길을 자주 산책하면서도 지루해할 틈이 없었다. 바다로 산책을 나서며 오늘은 또 어떤 바다색이 펼쳐질까 하고 기대하곤 했었다.

바다위에 떠 있는 것 같은 비양도, 차귀도, 함덕 서우봉, 이호테우의 말 등대 등등은 바다색과 조화를 이루며 바다빛깔을 더 돋보이게 만드는 요소들이기도 하다. 바다만 보고 있어도 시간이 어찌 가는지 모르는 제주에서, 파도의 찰싹거리는 소리까지 더해지면 정말 바다 '멍'이 절로 드는 순간이 온다. 그야말로 '힐링' 타임인 것이다.

한 번은 눈이 많이 오던 겨울날이었다. 게하 주인 언니는 조식 시간에 다 같이 바닷길 산책을 가자고 제안을 했다. 바다에서 모락모락 김이 나는 것을 바라보며 걷는 일은 매우 특별하다는 이야기를 해주었다.

우리는 완전무장을 하고 원정대처럼 게하에서 논짓물까지 걷기로 한다. 바닷가의 검은 현무암 돌이 하얀 눈과 만나 회색 바닷가로 변해 있었다. 그렇게 중간색이 되어가는 해안 도로를 따라 걷는 일은 역시 묘한 매력이 있었다. 게다가 주인 언니의 말처럼 바다에서는 하얀 연기가 수평선 너머로 뿜어져 나오고 있었다. 무언가 비범한 날에 특별한 선물을 주는 겨울 바다였다.

- 정말 아름다운 색을 하고선 파도가 무섭게 몰아치는 겨울 제주바다 -

- 눈 내리는 바다 흑백 바다 검은 돌에 내리는 눈, 정말 춥지만 정말 잊을 수 없는 장면들이 눈앞에 펼쳐진다. '하늘 가득한 눈들이 흩날리고 그 눈보라 속에서 서 있다가 눈들이 하염없이 내 속으로 들어온다.'

- 파랗지 않아도 바다가 이렇게 좋을 수 있구나 하는 생각이 든다. -

위의 짧은 문장들은 그동안 바다를 바라보며 쓴 메모들이다.

그리고 그 중에서 제일 좋았던 말은 "제주는 항상 옳다."이다.

2017년 일기장 어느 한 구석에 써 있던 메모이다. 지금은 서울에 어느 카페에 앉아 제주를 회상하며 이 글을 쓰고 있어서 제주가 옳은가? 음, 하는 생각이 머릿속을 스쳐가지만 제주 바다를 가면 또 그러겠지, '그래, 제주는 항상 옳다!'

# 제주폭포

　폭포수를 보고 있으면 물이 내려오는 것과 동시에 물이 올라가는 것 같은 느낌을 받는다. 그렇게 큰 힘을 가진 물에 빨려 들어갈 것 같고 폭포수가 고여 있는 물에 빠지면 어떻게 될까? 저물은 얼마나 깊을까? 등등의 온갖 생각을 물을 보고 있으면 하게 된다. 왜 그런지 모르지만 물이 너무 많이 쏟아지는 폭포수가 신비롭다는 생각을 하면서도 무서운 느낌이다. 그래서인지 제주도에서 유명한 폭포에 한 번 방문한 후 재방문하는 적은 거의 없는 편이다. 그런 나에게 다시 한 번 보고 싶은 폭포가 생겼는데, 그것은 바로 '엉또폭포' 이다.

　TV에 나와 유명세를 한 번 탔던 엉또폭포는 비가 많이 내린

다음날에만 물이 내려오는 것으로 본래 유명하다고 한다. 비가 적당히 내려서는 엉또폭포에 물이 내려오는 것을 볼 수가 없고, 며칠 간 비가 온 다음에야 볼 수 있는 폭포라고 한다.

　서귀포에 머물 적에 밤새 비가 온 날이 있었다. 계하의 같은 방을 쓰던 사람은 비가 많이 왔으니 엉또폭포에 갈 계획이라고 했다. '엉또'라는 특이한 이름의 폭포가 궁금해진 나는 그녀를 따라 가기로 한다. 버스를 타고 엉또폭포 근처에 도착하자 다들 어떻게 알았는지 폭포로 가는 길에 차와 사람이 가득하다. 아마 자주 볼 수 없는 광경이기에 사람들이 몰리는 모양이다. 버스에서 같이 내린 할머니의 말에 의하면 하천으로 물이 흐르면 엉또폭포에 물이 떨어지고 있다는 것인데, 그날 운이 좋게도 하천에는 물이 흐르고 있었다.

　폭포로 가는 길은 둥글둥글한 아름다운 식물로 가득했다. 원시적인 느낌의 풀들과 함께 폭포 주변에는 기암괴석들이 자리하고 있었다. 폭포 근처로 가자, 큰 소리와 함께 물이 쏟아지는 것을 볼 수 있었다. 폭포는 마치 누군가 물을 인공적으로 쏟아내는 것처럼 많은 양의 물을 내뱉고 있었다. 비가 많이 왔다고 해서 이렇게 폭포수가 떨어진다는 사실은 매우 신기했다. 엉또폭포는 어떻게 시작해서 어떻게 멈출까? 하는 생각이 들면서 그런 순간들을 포착하는 것도 의미 있겠다는 생각이 들었다.

사람들은 폭포와 함께 사진을 찍기 위해 줄을 서 있었다. 평상시 줄을 서서 사진 찍기를 싫어하는 일인이지만, 이날만큼은 줄을 서서 기다려서 사진을 찍었다. 폭포 주변의 풍경은 폭포만큼 멋있어서, 물이 안내려오는 날에도 볼만한 경치를 보여 줄 것 같다는 느낌이 들었다. 아마 엉또폭포를 또 가고 싶은 이유는 주변의 빼어난 경치와 언제나 볼 수 없는 폭포수 때문일 것이다.

엉또폭포와 함께 내가 좋아하는 다른 폭포가 생겼는데, 이는 작고 아담한 '소정방 폭포'이다. 이름에 '소'가 붙었듯이 작은 정방 폭포인 이곳은 자구리 해변에서 올레길을 따라 걷다가 만난 폭포였다. 원래 폭포를 볼 계획이 있었던 것은 아닌데 우연히 발견해서 보게 된 소정방 폭포는 은밀하게 숨어있는 것 같은 느낌이 들어서 좋았다. 단체 관광객이 우르르 와서 보고 가는 그런 폭포가 아니라, 올레길을 걷다가 어~폭포다! 하고 발견하는 느낌이 우선 좋았다. 작은 바위들 위에서 떨어지는 풍경도 인상적이었고, 폭포 옆에 있는 계단을 따라 폭포를 위에서도 내려다 보고 아래서 올려다 볼 수도 있고, 같은 눈높이에서 볼 수 있는 것도 좋았다. 이렇게 여러 각도에서 볼 수 있는 폭포는 아마 드물 것이다. 그래서 특이한 바위에서 물이 떨어지는 것을 자세히 볼 수 있었다. 높이가 낮은 폭포라서 그런지 물에 빨려 들어갈 것 같은 느낌도 들지 않아 계속 보고 있어도 나에게는 부담스럽지 않은 폭포였다.

그렇게 폭포를 본 기억을 회상하다 보니 물이 계속 고여서 폭포수를 만드는 자연의 힘은 정말 대단하다는 생각이 또 한 번 들었다. 어쩌면 내가 폭포수를 무서워하는 것은 자연을 존경하는 마음에서 나왔을지도 모른다.

# 제주바람

    예부터 '제주' 하면 삼다도라 했다. 돌, 바람, 여자가 많다고 칭해진 이 섬에는 여전히 거센 바람이 몰아지는 날이 많은 듯했다.

    제주의 날씨는 육지보다 남쪽이라 온도상으로는 따뜻한 편이지만 바람 때문인지 체감온도는 비슷하다고 여겨지기도 한다. 특히, 몸을 가누기도 힘들게 미친 듯이 바람이 부는 날에는 바람의 힘이 느껴져 더 춥다고 여겨지기도 하였다.

    한 번은 겨울에 판포리 포구를 구경하러 간적이 있다. 바람이 너무 세서 구경을 포기하고 근처 카페로 피신하기로 했다. 카페까지는 약 10분을 걸어가야 했다. 겨울날 바닷바람은 걸음을 떼기가 힘들 정도로 매서웠다. 겨우 10분 걷는데 몸이 체감하는 시간은 거의 한 시간을 걷는 느낌이었다. 게다가 내 머리카락이 자꾸 내 얼굴을 때리는 것이다. 일명 머리카락 따귀를 맞으면서 계속 걸어야 하는 상황이 펼쳐졌다.

이런 심한 바람을 느끼며 걸어간 후 도착지에 가서 내 꼴을 보니 바람에 만신창이가 되어 있었다. 겨울날이어서 바람이 더 거셌는지도 모르지만, 그건 맑은 날에도 예외는 아니었다.

어느 화창한 가을날이었다. 하늘은 파랗고 바다는 에메랄드빛으로 빛나고 있었다. 날이 좋아 바닷가 산책을 즐기려고 주차를 하고 차에서 내렸는데, 거센 바람이 나를 기다리고 있었다. 밖으로 나가자마자 머리카락은 사방으로 회오리를 쳐 댔다. 아름다운 바다를 한 5분쯤 감상하고 도저히 버틸 수가 없어 차로 대피할 수밖에 없었다. 그렇게 차에 타니 머리는 산발이 되어 있었고, 볼은 시뻘개져 있었다.

바람이 세니 걷는 것만 힘든 것이 아니다. 경차를 빌려 해안 도로를 운전한 적이 있는데, 바람이 어찌나 거세게 부는지 차가 날아갈 것 같이 휘청거리는 것이었다. 경차여서 그랬는지는 모르지만, 사람만큼이나 차 역시 몸을 가누기 힘들어하는 것 같았다. 그 날 운전대를 너무 꽉 잡고 운전을 하는 바람에 저녁에 어깨가 아파서 고생했던 기억이 생생하다.

이렇게 제주의 바닷바람은 매우 거세다. 게다가 섬나라여서 그런지 날씨 변덕이 심하다. 어떤 날은 비가 오다가 해가 나다가 추웠다가 따뜻했다가 하는 등 사계절의 날씨가 하루에 다 있는 듯한 날도 있다. 게다가 같은 섬 안에서도 제주시와 서귀포시의 날씨가 다르다. 한 번은 제주시가 흐린 날 일부러 서귀포를 향해 떠난 적이 있었는데, 역시 흐린 제주시와 달리 서귀포시에는 햇살이 가득 내리고 있었다. 제주도 날씨와 바람은 정말 변화무쌍하다.

온 사방이 바다로 둘러싸인 삼다도, 왜 삼다도라 칭했는지 바람을 한 번 맞아보면 누구나 공감하게 될 것이다.

# 태풍

한 번은 제주도에 볼일이 있어, 태풍이 오는 서귀포에 태풍을 만나러⑦ 간 적이 있다. 제주도 특히, 서귀포는 우리나라에 오는 태풍을 제일 먼저 직격탄으로 맞이하는 곳이다.

이 날은 태풍으로 인해 많은 비행기가 미리 결항되었다. 내가 타기로 한 비행기도 오전 일찍 결항 안내 문자를 보내 왔다. 비행기를 다시 알아보던 중, 다행히 결항되지 않은 비행기가 있어 이 비행기를 타고 제주도로 떠나게 된다. 하지만 이는 잘못된 선택이었다. 비행 내내 두려움에 떨면서 비행기를 탄 것을 처음으로 후회하게 된다. 비행기를 타면서 이렇게 무섭고도 스릴이 넘치는 경험은 난생 처음인 것 같았다. 비행기는 마치 롤러코스터를 타는 것 같이 흔들렸다. 게다가 내 자리는 비행기 날개 쪽이 었는데 구름 속을 지나갈 때 창문이 희뿌옇게 되면서 날개에 달린 전조등이 번쩍거리는 빛에 깜박깜박하면서 창문으로 비춰지는 것이 아닌가! 빛 번짐까지 일어나 마치 영화 속에서 보던 비상 상황과 같은 시각적인 효과를 보게 된다. 물론 그 정도의 빛 번짐이 아니었음에도 나의 심정이 비상 상황이어서 더 그렇게 보였다고, 기억하고 있는지도 모른다. 아무튼, 흔들리는 기내에서 비행 내내 조마조마한 시간을 보냈었다. 제발 무사히 제주도에 도착하기만을 비행시간 내내 기다렸었다.

다행히 비행기는 무사히 착륙을 하고 공항에서 버스를 타고 숙소로 가는 길에 거센 바람을 맞이하게 되었다. 그리 늦은 시간이 아니었지만 거리에는 사람들이 거의 눈에 띄지 않았다. 두려움 마음에 걸음을 재촉하여 숙소까지 가게 되었다. 숙소에 무사히 도착해서 안심이라고 생각했으나 이건 시작에 불과했다.

태풍은 이제 시작이었다. 그날 밤은 태풍의 최대 고비였다. 때문에 창문은 계속 흔들렸고 바람소리가 요란했다. 밤새 불안함에 떨며 한숨도 이루지 못하고 밤을 지새우게 된다.

비바람이 치는 것이 건물 안에 있는 내게도 고대로 전해졌다. 그동안 서울이라는 도시에 살아서 태풍이 와도 약간 남의 얘기를 듣는 듯한 느낌을 받고 살았다. 그런데 처음으로 우리나라에 도달하는 태풍을 맞게 되니 자연의 힘에 대해 다시 생각하게 되었다.

그렇게 무시무시한 밤을 보내고 아침이 되었다. 날은 여전히 흐리고 비가 오는데 바깥상황이 궁금해서 창문을 내다보았다. 야자수 잎이 널부려져 있고, 여기저기 나뭇잎들과 가지들이 거리에 나뒹굴고 있었다. 무슨 잔해 같은 것들이 거리를 뒤덮고 있는 기분이었다. 태풍이 관통한다는 것은 이런 것인가? 하는 생각이 또 한 번 머리를 스쳐 갔다. 제주도는 우리나라에 오는 태풍을 온몸으로 맞이하고 또 방어하고 있는 곳이라는 생각이 들었다.

그렇게 오후가 되면서 갑자기 해가 나기 시작했다. 태풍이 완전히 지나간 모양이었다. 이제는 안심하고 밖으로 나가도 될 것 같다는 생각에 해변가로 나가 보았다. 어디 숨어있었는지 움츠려 있던 사람들이 해변가로 모여들었다. 마치 오랫동안 해를 보지 못해 간절히 해가 나길 기다린 사람들처럼 해변가에서 맑아진 날씨를 즐기는 모습들이었다.

제주도는 자연의 위대함을 몸소 느끼게 하는 곳이지만, 태풍은 또 다른 측면에서 자연의 힘을 보여주었다. 이러한 태풍이 일

년에 몇 개씩 우리나라를 관통하곤 하는데 그동안 태풍을 이겨
낸 제주도민들이 참 대단하다는 생각이 들었다.

# 오설록 녹차밭

여행 중에는 사람 많고 시끄러운 곳에 가길 꺼려하는 사람에 속하지만, 오설록 만큼은 꼭 빼놓지 않고 가던 시절이 있었다. 몇 년 전, 그 시절만 해도 오설록에 앉을 자리정도는 있어서, 오설록에서 안식을 취할 수 있었던 것 같다 -요즘에 오설록에 가면 앉을 자리를 찾기가 힘들어서, 점점 안 가게 된다.- 오설록을 좋아하는 데에는, 자연 친환경적인 이미지의 오설록이 좋아서이기도 하고, 오설록 녹차 음식이 맛있어서이기도 하다. 오설록 티 하우스에 먹어본 녹차 롤 케익은 정말 맛있었다. 제주에서 먹었던 맛이 그리워, 나중에 서울에 있는 오설록에서 롤 케익을 사먹었는데 분위기 때문인지, 원산지에서 멀어져서인지 제주에서 먹었던 그 맛이 나지 않았다.

오설록 티 뮤지엄 건물 맨 위층 전망대에서는 넓게 펼쳐진 녹차밭을 볼 수 있다. 전망대에 올라 내려다보는 녹차밭의 풍경은 매우 인상적이다. 잘린 녹차 잎들이 둥글게 둥글게 기둥 모양을 하고 있는 것도 재미있고, 넓게 펼쳐진 탁 트인 녹차밭에서 시원함을 느낄 수 있었다.

제주도를 바삐 여행하다가 녹차 한 잔과 함께 여유를 누릴 수 있는 그 곳 오설록, 이제는 유명세로 인해 예전의 여유는 사라졌지만, 그래도 맛있는 제주특산품 녹차아이스크림, 녹차라떼를 먹으러 가고 싶다.

그렇게 오설록 녹차밭에 사람이 너무 많아 가기를 꺼려하고 있을 때, 제주도에 같이 간 지인이 오설록에서 운영하는 또 다른 녹차밭이 있다고 해서 서귀포 도순동에 있는 '도순다원'에 간적이 있다. 오설록 티 뮤지엄과 같이 있는 안덕 오설록처럼 먹을거리를 판매하는 곳은 없어서 조금 아쉬웠지만, 한적해서 좋은 곳이었다. 특히, 우리가 간 날은 방문한 사람이 아무도 없어서 녹차밭을 전세 낸 기분이 들었다. 안덕 녹차밭보다 더 넓어서 초록초록하고 싱싱한 녹차의 기운을 느낄 수 있었다. 그날은 제주도의 날씨도 좋아서 푸른 하늘과 눈 덮인 한라산을 배경으로 펼쳐진 녹차밭에서 자연의 싱그러움을 만끽할 수 있었다. 그런 곳에서 자란 녹차들은 범상치 않은 기운을 받고 자라날 것만 같은 기분이 느껴졌다.

　녹차 음식을 맛볼 수 없어 조금의 아쉬움이 있지만 그래도 호젓하고 맛있게 녹차가 자라나고 있는 곳을 찾는다면 도순다원을 가보는 것도 나쁘지 않을 것 같다.

# 짜구리 해변

   짠내가 나서 내가 짜구리라 부르는 자구리 바다는 더운 여름 서귀포 구 시내에 머물 적에 거의 매일 산책했던 바닷가이다. 자구리 해변의 첫인상은 바다 짠내였다. 사실 제주도 바다에서는 짠내를 거의 느끼지 못했는데, 신기하게 자구리 바다에서는 특유의 냄새가 났다. 처음에 자구리 해변은 그다지 아름다운 바닷가는 아니라고 생각했다. 멋없는 검은 바위 위로 거므스르한 물이 흐르는 곳이었고, 무슨 기암괴석이나 멋진 돌이 보이지도 않았다. 그리고 바닷가 옆으로 공원을 조성해 놓은 탓에 인공적인 느낌이 강한 것도 사실이다. 하지만 숙소에서 가장 가까운 자구리 해안에 자주 들락거리다 보니 자구리 해안도 나름 멋이 있다는 느낌을 받게 된다.

무엇보다 얘기하고 싶은 것은 '작가의 산책길'이다. 자구리 해안에 가는 길에는 올망졸망한 벽화들이 있다. 돌이나 타일을 깨서 만든 것도 있고, 페인트로 그린 것도 있다. 그리고 작은 초등학교도 지나가게 된다. 그런 정감있는 느낌의 동네를 지나 해안에 가면 멀리 범섬이 보인다. 저 섬은 이중섭 화백이 보았던 그대로이겠구나 하는 생각이 문득 들었다.

예전에 하이델베르크에서 '철학자의 길'을 걸을 때 생각보다 작고 별 다를 것이 없는 평범한 길이라는 생각을 했었다. 하지만 걷다보니 나도 모르게 사색에 잠기게 만드는 그런 매력적인 길이 있었다. 이는 이중섭 작가의 길을 걸을 때도 같은 느낌이었다. 평범한 이 길, 이러한 길을 걸으며 작가는 과연 어떤 사색에 젖었을까? 자구리 해변에는 어떠한 매력이 있을까? 하는 생각이 늘었다. 작가가 거닐던 거리를 나도 걷고 있다고 생각하니 작가의 삶이 생각나며 괜스레 짠한 느낌이 들었다. 그러면서 생각해 보니 이것이 자구리 해변의 매력이라는 것을 깨달았다. '소박한 미', 소박한 해안가라서 사람들이 많지도 않고 방해 받지 않고 마음껏 바다를 볼 수 있는 느낌의 바다. 그렇다, 자구리는 내세울 건 없지만 내가 산책할 수 있는 소중한 공간을 제공해 주었다. 동네의 친근한 산책길이 되어 주었다. 바다와 멀리 살고 있는 나에게는 바다와 친근해질 수 있다는 것이 참 고마운 일이었다. 자구리는 서슴없이 사람들에게 그런 편안함을 선사해주었다. 이중섭 작가가 사색에 빠질 수 있도록 해주었듯이 자구리 해변은 항상 그 자리에서 묵묵히 사람들을 기다리고 있었다. 자구리 해안의 짠내가 그리워지는 아침이다.

# 두모악 - 김영갑 갤러리

　김영갑 작가를 어떻게 알게 되었는지 기억은 나지 않지만, 제주도에 가면 꼭 두모악 갤러리에 가봐야겠다고 생각했다. 그래서 비가 오던 제주의 어느 날, 갤러리를 찾게 된다. 사전정보 없이 방문한 갤러리의 문은 굳게 닫혀 있었다. 수요일이 휴관일이라니…. 보통 미술관들은 월요일에 문을 닫기 때문에 갤러리 관람이 불가할 것이라는 것은 예상 밖의 일이었다. 역시 여행은 내 마음대로 되지 않지, 그게 여행이지 라고 생각하며 다음을 기약했다.

　다시 제주를 찾은 어느 봄날, 다시 김영갑 갤러리에 갈 기회가 생겼다. 이번에는 혹시나 하는 마음에 미리 전화를 해서 관람시간을 확인하고 갤러리로 향했다. 사실 사진 작업을 그렇게 선호하지 않은 편이라 미술을 하는 사람으로서 의무감 반, 그리고 루게릭 병으로 돌아가셨다는 것에 대한 안타까움 반, 나처럼 제주도에 반해 제주도 풍경을 사진으로 찍은 것에 대한 호기심과 존경심으로 갤러리로 향한 것이다. 그런데 이 곳에서 나는 울컥하고 말았다. 전시장을 가득 메운 사진 속에는 몸으로 느껴지는 그 '무엇'이 있었다.

  사람들은 예술 작품을 보고 정말로 그 작품에 감동을 받았을 때 전율을 느낀다고 한다. 나도 전에 몇몇 작품에서 그런 경험을 한 적이 있지만, 사진 작품에서 이런 전율을 느낄 줄은 몰랐던 터라 마음 속을 뜨겁게 하는 그 무언가에 내 스스로가 놀랐던 기억이 난다. 어쩌면 내가 느낀 그 '무엇'은 김영갑 작가가 사진에 담아내려 했던 그 무엇일지도 모른다? 는 생각을 하며 갤러리를 한참 서성였다.

  '김영갑의 깊이는 아무 것도 아닌 것을 아무 것으로 만드는 데 있다. 그리고 삶이 너무 떠 있지도 않고 삶과 인생과 작업이 하나인 느낌이 든다. 정말로 작업에만 온전히 몰입한 느낌이 든다. 마치 괴물이 된 느낌, 그런 걸 뭐라 말하기 벅찬 그런 느낌'

  그날 밤 일기장에 적혀있던 메모인데, 사실 그날 갤러리에서 본 글인지, 나 혼자만의 생각이었는지 기억이 흐릿하다.

그리고 아래와 같은 글도 적혀 있었다.

'제주는 힘이 있다. 김영갑 작가가 그렇게 하나에 몰입했던 것도 몰입하게 만든 힘이 제주에 존재하기 때문이다. 그리고 그 힘을 이렇게 이끌어온 김영갑 작가가 멋지다.'

제주도 풍경을 그린 지 어느덧 5년째가 되어가고 있는 시점에서, 언제까지 제주를 소재로 작업을 할지 아직은 알 수 없지만 제주는, 김영갑 작가에게도 그렇고 나에게도 그렇고 에너지가 넘치는 곳임에는 분명하다.

# 제주의 미술관

제주에는 유명한 미술관이 많이 있다. 유명한 건축가가 지은 미술관도 있고, 제주도에서 운영하는 미술관도 있다. 그 중 가장 인상 깊었던 곳은 사람들에게는 휘닉스 파크 미술관으로 알려진 '유민미술관'이다. 이곳에서는 아르누보 유리공예품을 전시하고 있다.

유민 미술관은 풍경 속에 숨어 있다. 숨어있다는 표현이 어떻게 들릴지 모르겠지만, 멀리서 보면 저곳에 건물이 있을까? 하는 위치에 건물이 자리하고 있다. 그런 미술관 안으로 들어가면 공예품이 가득하다. 공예품을 잘 모르는 나에게도 건물이 주는 느낌 때문인지 아니면 소장품이 훌륭해서인지 매우 기억에 남아 또 다시 찾고 싶은 미술관으로 남아 있다.

일단 미술관으로 들어가는 길이 참 아름답다. 벽에서 물이 흐르는 구조로 입구가 조성되어 있는데, 어딘지는 모르지만 점점 물을 따라 흘러가는 기분이 든다. 그렇게 흘러흘러 미술관 안으로 들어가면 어두운 조명 속에서 빛나는 유리 공예품을 만날 수 있다. 우리나라에는 공예만 다루는 미술관이 따로 있지 않아 책으로만 보던 아르누보 미술품들을 눈으로 직접 볼 수 있는 흔치 않은 기회였다. 제주의 아름다운 자연을 만끽하다가 그러한 자연의 아름다움을 재해석한 예술품을 만나는 것은 제주의 유민 미술관을 찾았을 때 느낄 수 있는 기쁨이기도 하다. 이곳을 엄마와 함께 찾았는데, 매력적인 유리공예에 흠뻑 빠져 공예품 앞에서 떠나기 싫어하던 엄마의 모습을 볼 수 있었다. 우리 모녀는 공예품의 아름다움에 취해 갖고 싶기도 하고, 사고 싶기도 하고, 또 산다면 얼마나 할까? 하는 생각을 하며 한참을 전시품 앞을 서성이다가 밖으로 나왔다. 나오는 길과 들어오는 길은 같았다. 그런데 미술관 밖으로 나오는 길은 미술관과 제주를 이어 주는 역할을 한다. 이 길은 제주의 풍광을 받아서 미술관에 넘겨주고, 미술관의 기운을 사람들에게 전해주어 건물이지만 자연과의 조화를 꾀하려는 느낌을 주고 있었다.

그런 유민 미술관을 생각하며 이 글을 적다 보니, 나지막한 미술관의 지붕이 떠오른다. 자연 속에서 자연과 함께 조화를 이루며, 게다가 자연을 재해석한 작품이 전시되어 있는 미술관, 유민 미술관은 그렇게 자연스럽게 또 다른 생명체로 존재하고 있다.

# 나에게 엽서 보내기

  혼자 여행을 많이 다니며, 더 이상 여행 기념품에 호기심이 가지 않을 때 했던 프로젝트가 있다. 바로 '나에게 엽서 보내기'. 주로 여행지에서 감흥 있었던 내용이나 멋진 장면을 그려서 나한테 보내는 것인데, 여행이 끝나고 며칠 후에 나에게 돌아온다는 점에서, 그리고 여행의 긴 여운을 느낄 수 있다는 점에서 아주 좋은 여행 기념품이 되곤 한다.

  이를 위해, 여행 중 우체국을 찾아 관제엽서와 우표를 산다. 엽서에 글을 적거나 그림을 그리고 우체통에 넣는다. 우체통에 엽서를 넣을 때는 꼭 기념사진을 찍어 여행의 한 장면을 장식한다.

  제주에 방문할 때 역시, 이 프로젝트를 진행한다. 제주는 지역마다 다른 우표 도장을 엽서에 찍어준다고 한다. 수집을 좋아하는 나에게 다른 도장 모양을 모으는 것은 하나의 목표이기도 해서 동, 서, 남, 북을 지날 때 마다 우체통을 찾곤 한다.

제주도에서 가장 인상 깊었던 엽서 중 하나는 우리나라 최남단 마라도에서 보낸 엽서이다. 우리나라 가장 끝에 서서 느끼는 제주도는 또 다른 느낌이었다. 사실 마라도는 작은 섬이라서 별다른 볼거리는 없었다. 하지만 내가 우리나라에서 갈 수 있는 곳까지 배를 타고 이 먼 길을 왔구나! 섬에서 섬으로 배를 타고 이동했구나! 섬에서 섬을 바라보는 것은 어떤 느낌일지 궁금했는데, 섬 사이는 이런 느낌이었구나! 등등의 감명 속에서 우체통을 발견하고 엽서를 써서 우체통에 넣었다.

두 번째는 카멜리아 힐의 느린 우체통에서 보낸 엽서이다. 여기서는 시간적 여유를 가지고 그네에 앉아 차분히 나의 제주 여행을 생각하며 '나는 왜 이리 제주를 좋아할까? 제주는 나에게 뭐지? 나는 무엇을 찾기 위해 이곳에 온 것이지? 등등의 여러 가지 생각들을 되뇌이며 글을 쓸 시간을 가지고 정성스럽게 완성된 엽서를 우체통에 넣은 기억이 난다.

요즘에는 지자체별로 '느린 우체통'이 생겨서 짧게는 한 달, 길게는 일 년 후에 도착하는 우체통이 있다. 그런 우체통을 만나는 일은 나에게는 매우 신나는 일이다. 1년 전 여행지에서 보냈던 엽서를 까맣게 잊고 있다가 1년 후에 다시 만나는 일은 마치 타임머신을 타고 시간을 거슬러 올라가는 것처럼, 추억 한 자락이 선물같이 오는 일이다.

그런 느린 우체통을 운영하는 제주의 카페가 있다. 그 곳에서는 한 달 우체통을 운영한다. 여기서 쓴 엽서는 제주 여행을 마치고 서울에서 삶에 지칠 때쯤, 날아오곤 하는 것 같다. 그렇게 엽서를 받으면 현실에서 잠시 멀어져 '아! 나에게 제주 여행이 있었지, 그래 또 열심히 살고 또 제주 여행을 가는 거야!' 하고 생각하게 만드는 힘이 있다.

우편함에 고지서, 광고지 대신 들어있는 내가 쓴 엽서를 확인하게 되는 순간이 있다. 그 때는 엽서들이 여러 손을 거치고, 또 여러 수하물과 분리되어 내 손으로 오기까지 어떠한 여정이 있었을지 궁금하기도 하고, 또 그 손들 덕분에 내가 엽서를 받아본다는 사실에 감사하기도 하다.

# 삼다수 숲길

　게하의 친절한 주인 덕에 여러 숲길을 알게 되었고 '삼다수 숲길' 역시 추천받게 되었다. 인터넷에 찾아보니 삼다수 숲길이 좋다는 후기가 많아 꼭 가보고 싶었다. 그런데 인터넷에 나온 정보가 자세하지 않은 데다가, 현지 표지판이 미흡한 관계로 삼다수 숲길 주차장까지 갔다가 입구를 찾지 못하고 헤매이다 그냥 돌아오게 된다. 두 번째로 갔을 때는 어떻게든 탐방을 하고 싶은 욕심에 차를 운전해서 여기저기 찾아보게 된다. 그러다가 삼다수 생수 공장까지 들어갔다 나오기도 하였다. 삼다수 숲길을 내 비게이션에 치니 삼다수 생수 공장이 나와서 좀 어이가 없었지만, 저곳이 서울에서 비싸고 제주에서 제일 싼 삼다수 생수를 만드는 곳이구나, 하고 뜻하지 않게 공장 구경을 하게 되었다. 하지만 그 날도 숲길 입구를 찾지 못하고 발길을 돌렸다.

세 번째로 교래리를 방문하였을 때는 더 큰 마음을 먹고 표지판이 끊겨져 있는 비포장 도로를 운전해서 더 가보기로 한다. 그렇게 운전을 하면서 과연 숲길이 나올까? 하는 순간 인터넷 사진으로 미리보아 익숙한 삼다수 숲길 게시판이 나왔다. 야~호!. 세 번만이지만 입구를 찾았다는 사실만으로도 너무 기뻤다. 하지만 그날은 숲길에 눈이 쌓여 있었다. 아이젠과 같은 장비가 없었던 터라 아쉽게도 숲길 탐방은 하지 못했다. 하지만, 이제 입구를 알았으니 언제든지 숲길 탐방을 할 수 있겠구나 하는 생각을 가지고 가벼운 마음으로 발길을 돌렸다.

그렇게 삼다수 숲길 탐방을 고대하고 있던 어느 늦은 가을날 우연히 교래리에 갈 일이 생겨 숲길 탐방을 하게 된다. 삼다수 숲길에는 낮은 조릿대 숲이 나무 아래 융단을 깔아 놓은 듯 펼쳐져 있었고, 그 위의 나무들이 울창하게 자라고 있었다.

그렇게 숲길을 따라가다가 물가 쪽으로 걸어 내려오니 바위들이 기괴한 모양을 하고 있었다. 무엇보다 용암이 흘러간 흔적을 고스란히 간직하고 있었다. 큰 바위들의 색은 범상치 않았다. 검은색 배경에 회색 무늬를 한 바위의 계곡은 정말 진귀한 풍경이었다.

숲이 있고 그 옆에는 용암이 흘러간 흔적이 살아있는 곳, 그동안 많은 숲을 다녔지만 그 중에서도 삼다수 숲길은 특별한 모습을 보여준 곳이었다. 그동안 제주도를, 특히 제주도의 숲을 많이 다녔다고 생각하고 있었는데 삼다수 숲길은 나의 그러한 생각을 산산조각 냈다. 지질학적 특성이 잘 보여지는 지형의 숲길에서 조금은 제주를 알고, 보고 있었다는 생각이 틀렸다는 느낌을 받았다.

예전에 한 TV 프로에서 지질학자가 제주를 여행하는 법을 본적이 있다. 그 사람은 제주도에서 지질학적으로 의미 있는 곳만 찾아다녔다. 생각해 보니 그 탐험가가 다녔던 곳도 내가 가보지 못하고 보지 못한 제주의 모습 중의 하나일 것이다.

제주도민 친구가 한 번은 이런 말을 한 적이 있다. 자신은 제주에 살면서도 제주가 놀라울 때가 아직도 종종 있는데, 육지 사람들에게는 제주가 얼마나 놀랍겠냐고! 아직도 나에게 제주는 계속, 계속 신기하고 신기하다.

# 제주 사람들의 감각

　제주도에 처음 갔을 때 감탄했던 것이 있다. 일반 집 창고의 천막인데 마치 진한 초록색 천막이 푸른 하늘과 너무 잘 어울려서 주변과의 조화를 고려하여 천막 색을 고르고 매듭을 지은 것이 아닌가? 하는 생각을 한 적이 있다. 게다가 집집마다의 페인트 색깔 역시, 청녹색, 파란색, 주황색 지붕과 하얀 담벼락이 잘 어울리게 도색을 한 것을 볼 수 있다.

　특히, '종달리민회관'의 글꼴은 어떤 글씨체인지 모르지만 낡은 흰색 타일 벽과 조화를 이룬 검정 글씨와 건물과 너무 잘 어울린다. 세월의 흔적을 간직하면서도 지금 봐도 정갈하고, 깔끔한 미를 자랑한다. 나무창틀의 격자무늬 하나도 섬세하고 또 꾸

미지 않은 것 같은데 꾸민 것 같은 요즘 말로 '꾸안꾸' 같은 느낌이랄까?

물론 제주도여서 건물과 글씨조차도 감각적으로 보이는 것일 수도 있겠지만, 제주도의 풍경 속에는 제주도민만이 가진 '미'가 있다. 마치 아무생각 없이 툭툭 놓은 것 같은 돌담에도 그러한 투박한 미가 살아있고 일반 가정집도 똑같이 짓기보단 조금씩 다르게 지은 모양새의 아름다움과 다름에서 느껴지는 개성미를 실감할 수 있었다.

그래서인지 제주도 동네 투어를 하는 일은 항상 재미가 있고 나도 모르게 카메라를 들게 만든다. 아마도 제주의 아름다움을 보고 자란 사람들에게는 자신도 모르게 자연과 어떻게 조화를 이루며 살아야 하는지 터득하게 되는 능력이 생기나 보다.

# 제주도민 친구

제주 여행을 하다보면 그런 생각이 들 때가 있다 '아~나도 현지인 친구 하나 있었으면 좋겠다'는 막연한 소망, 그런데 그 생각이 어느 날 현실로 다가왔다.

친구의 소개로 음악하는 제주 친구를 모임에서 만났다. 제주도 출신이라는 것을 듣고 앞뒤 불문하고 그녀와 친해지고 싶다는 생각을 하게 되었다. 순수하고 귀여운 그녀와는 다행히도 성향이 잘 맞아서 금세 친구가 될 수 있었다.

그녀는 약 2년 간의 서울 생활을 접고 지금은 제주에서 생활하고 있다. 그래서 요즘 제주에 갈 때면 그녀에게 연락을 하곤한다. 시간이 맞으면 그녀가 공항으로 마중나오기도 하고, 집에 갈 때 데려다 주기도 한다. 이렇게 공항에서 환대를 받으니 현지인 친구가 생긴 것이 매우 좋은 것이라는 느낌을 받는다.

사실, 그녀에게 어릴 적 제주도는 답답한 곳이었다고 한다. 그때는 저가항공도 생기기 전이라서 서울에 오는 것은 쉽지 않은 일이었고, 섬에서 더 이상 갈 곳이 없어 섬에 갇혀 사는 기분이었다고 한다. 이제는 성인이 된 그녀가 자유로이 서울과 제주를 오가고 있지만, 예전의 제주도에 사는 기분은 어땠을지 사실 육지에서 살아온 나에게는 와닿지 않았다. 그리고 제주시에 사는 자신이 서귀포시를 가는 일은 매우 드문 일이라고 했다. 서귀포와 제주시는 차로 꼬박 한시간 정도 거리인데, 이동하기에 쉽지 않은 거리임은 분명했다. 나는 그녀의 이 말을 제주 한달살기를 통해 실감했다. 여행을 할 때는 제주시와 서귀포 사이가 그리 멀게 느껴지지 않았는데, 한 달 동안 한 곳에 머물다 보니 제주시에서 서귀포시를 가는 것이 마치 서울에서 대전가는 것처럼 느껴지는 것이다. 제주가 크다고 생각은 하고 있었지만, 실제 제주의 크기를 실감한 것은 역시 한달살이를 통해서였다. 그녀의 말에 의하면 제주도의 거리 감각을 이해하면 제주도민을 조금은 이해할 수 있다고 하던데, 이제는 아주 조금 제주도민의 생활권에 대해서 이해하고 있는 것 같다.

그녀는 나에게 종종 이런 말을 한다. 자신보다 제주 명소를 더 많이 알고 여기저기 가본 것 같다고. 이건 마치 서울 시민이 한강 유람선을 타본 적이 없거나 63빌딩을 가 본 적이 상황과 같다. 진짜로 내가 사는 곳에서는 언제라도 갈 수 있다고 생각하기에 당장 가는 것을 미루고 또 미루다가 아직도 명소에 못 간 그런 현지인 느낌.

사실 서울에서 그녀를 만났을 때 제주도 출신이라고 소개 받지 않았다면 그녀의 출신을 전혀 예측할 수 없었을 것이다. 제주도 억양은 그리 세지 않아 그녀와 대화할 때 전혀 다른 지역 출신인 것을 느낄 수 없었기 때문이다. 그런 그녀가 정말 제주도민이구나 하고 느낀 적이 있는데, 제주도를 같이 다니던 중 제주도 친구에게서 온 전화를 받으며 사투리를 쓰는 그녀를 보면서, 그리고 웬만한 제주시의 거리는 내비게이션이 없이도 다닐 수 있는 그녀를 보면서 아 정말 제주도민이었지! 하고 새삼 깨닫기도 한다.

지금의 제주는 우리나라 사람들의 이상향 같은 곳이 되어버린 것 같다. 그래서인지 그녀가 한 번은 '나의 제주가 사라지고 있어요'라는 말을 한 적이 있다. 그렇다 우리 모두에게는 나만 알고 싶은 비밀의 장소가 있다. 그녀에게는 제주도가 그랬던 것이다. 제주가 비밀 장소인 그녀가 또 새삼 부럽다.

# 게스트 하우스(게하)

　제주도에 머물 때 주로 게하에 머무는 편이다. 첫 번째로 가격이 저렴하고, 두 번째로 다양한 프로그램에 참여할 수 있으며, 세 번째로는 새로운 친구를 사귈 수 있기 때문이다.

　내가 머물렀던 게하 주인들은 각양각색이었는데, 그 중 인상적이었던 몇 군데를 적어보기로 한다. 제주도의 면적과 교통편에 대해 잘 모르던 시절 송당리에 있던 게하를 간 적이 있다. 그때는 송당리가 이렇게 번화하기 전이라 송당에 가는 버스가 많지 않았다. 그래서 저녁 무렵 숙소에 들어가기 위해 한 시간이나 길에서 버스를 기다려야 했다. 게하 주인은 나의 사정을 짐작했는지 날이 저물자 나에게 전화를 해서 잘 오고 있는지 확인하는 등 배려해 주었다. 그렇게 어렵게 도착한 계하에는 책을 편히 읽을 수 있는 공간이 따로 있었는데, 그 수많은 만화책과 널부러져 읽을 수 있는 빈 백(신축성 있는 소파)을 보니 여기저기 다니는 것도 좋지만, 계하에서 하루종일 뒹굴거리며 책을 읽어도 좋겠다는 생각이 들었다. 아침에는 계하식구들과 다 같이 송당에 제주 신당의 원조로 알려진 분향당 주변을 산책하는 시간을 가졌다. 그때도 우리의 뒷모습을 찍으면서, 오늘은 왠지 얼굴나오는 것을 싫어하는 분들이 모인 것 같아 뒷모습만 찍는다고 하셨다. 섬세하게 계하를 찾는 이를 생각해주는 계하 주인이었다. –나에게 삼다수 숲길의 아름다움을 알려준 분도 이분이었다.– 몇 년 후 다시 송당리를 찾게 되어 좋은 기억으로 남아있는 계하를 다시 방문했는데, 아쉽게도 계하 주인이 바뀌어 있었다.

두 번째로 인상깊었던 계하는 시인이 하는 곳이었다. 저지리에 있던 이 계하의 주인은 몸이 안 좋아 제주도로 내려오게 되었다고 한다. 다행히, 제주도에서 건강도 되찾고 지금은 계하를 운영하며 살고 있다고 자신의 인생사를 간단히 소개했다. 동이 트자 우리는 다같이 계하 주변의 동네 한 바퀴를 돌며 저지리 마을에 대한 얘기를 들을 수 있었다.

저지리는 예술 마을인데, 이곳이 조성되게 된 사연부터 살고 있는 사람들의 특성과 또 그에 따라 달라지는 건물 모양에 대해 자세한 안내를 받을 수 있었다. 게하를 떠나면서 주소를 남기면 시를 적어 보내주신다기에 기꺼이 주소를 남겼는데, 제주도 여행에서 돌아와서 얼마 후, 정성스레 적은 시와 캘리그라피 책갈피를 선물로 받게 되었다. 여행지에서 만난 인연이 이렇게 이어질 수 있다는 사실에 감동을 받았고, 편지를 받고 여행의 순간들이 다시 떠올라 설레였던 기억이 난다.

　게하 주인들은 이렇게 잠깐 머물다 가는 사람에게도 마음을 써 주는 존재라는 사실을 다시금 깨달을 수 있었다. 게다가 따스한 잠자리와 먹을거리를 허락해주며 여행에서의 쉼을 허락해주는 동시에, 자기만의 비밀 공간까지도 우리에게 알려주는 것 같은 게하들. 요즘 점점 나이를 먹으면서 게하가기를 조금씩 꺼리고 있었는데, 다시 게하를 찾아 새로운 추억들을 만들어야겠다.

# 제주의 꽃과 식물

    제주에는 육지에서 보기 힘든 수많은 꽃들이 피고 진다. 그 중에서도 내가 제일 좋아하는 식물은 '수선화'이다. 사실 동양화를 공부한 나에게 수선화는 실물이 아닌 그림의 소재로 먼저 만나게 된다. 서울에서는 화분에 심겨진 노란 꽃잎의 수선화를 만나왔기 때문에 수선화를 그리면서 진짜 동양화에 나오는 수선화가 궁금하다는 생각을 하게 된다. 그러던 중 제주도를 처음 방문했을 때 이중섭 미술관 앞 뜰에 피어있는 수 많은 야생 수선화를 만나게 된다. 하얀 꽃잎을 가진 동양화로 그려왔던 그 수선화를 보면서 뭔지 모를 깊은 생명력과 단아함을 느낄 수 있었다. 이렇게 청초한 아름다움을 가진 수선화가 길가에 아무렇지도 않게 피어있다니, 이건 정말 서울에서 볼 수 없는 귀한 풍경이었다. 그렇게 만난 수선화는 곳곳에 많이 피어있었는데, 수선화를 보며 제주는 정말 특별한 곳이라고 다시 한 번 생각했었다. 수선화를 본 그 날 쓴 일기장에는

'이중섭 생가 화단 앞에 피어있는 수선화 두 송이를 보며, 작가의 고독했던 삶이 단 두 송이의 수선화와 닮아 있다는 생각을 했다'라는 글이 적혀 있었다. 지금 보니 손발이 약간 오그라드는 부끄러운 글인데, 그 때는 처음 수선화를 마주하고, 또 이중섭의 그 작디작은 방을 보고 작가의 뜨거운 열정이 마치 차디찬 흙을 뚫고 자라나 피어난 수선화와 같다는 생각에 빠졌던 모양이다.

제주에는 수선화 말고도 특별한 식물이 길가에 많이 자라고 있다. 제주도를 방문했을 때, 수선화와 함께 가장 신기하게 여기고 좋아했던 식물은 '고사리'이다. 무지막지하게 큰 고사리들은 육지에서 좀처럼 볼 수 없는 희안한 모습을 하고 있었다. 오랜 시간 살아왔다는 고사리는 주로 숲의 바닥에 마치 카페트처럼 깔려 자라고 있었고, 이는 육지의 숲에서 볼 수 없는 또 다른 진풍경이었다. 고사리는 반전 매력을 가지고 있는데, 잎을 뒤집어 보면 포자들로 가득하다. 잎사귀 뒷면에 붉은 점들이 빽빽이

박힌 모습의 포자는 조금 징그러워 보이기도 했다. 하지만 고사리가 번식할 수 있도록 하는 중요한 역할을 할 것이라는 생각을 하자 포자들이 고사리에게 매우 소중한 존재이니, 아름답게 봐주어야 겠다는 생각이 들었다.

이 밖에도 제주도에는 나를 놀라게 했던 식물들이 많이 있다. 해변가의 야자수, 선인장, 콩짜개 등등. 이들을 보면서 식물을 좋아하는 우리 어머니는 '저거 화분에 심으면 좋겠다', '저건 서울에서 비싸게 파는 식물이다'라는 얘기를 종종 한다. 그도 그럴 것이 서울에선 귀한 식물들이 제주도에서는 아무데서나 잘 자라고 있는 것을 많이 볼 수 있기 때문일 것이다. 이렇게 제주도에서 자라나는 식물들을 보면서 여기가 진정 '우리'나라인가 하는 의문을 품으며, '탐라국'이라는 말이 괜히 나온 말이 아니구나!라는 사실을 실감한다.

# 제주 노래

 '제주' 하면 떠오르는 노래가 있다. 정밀아의 '꽃', '별'. 이 노래들은 제주 한달살기를 할 때 게하 주인 언니의 BGM이라 거의 매일 들었던 것 같다. 눈이 오던 창밖을 바라보며 수없이 정밀아 노래를 들은 탓에 정밀아의 노래를 듣고 있으면 나도 모르게 겨울 제주의 '눈 오는 풍경'으로 들어가는 느낌을 받는다.

 '아슬거리는… 하염없이 헤매지' 등의 가사는 내가 제주를 스스로 찾았던 그 때의 느낌이라고 해야 할까? 꼭 신나지만 않았던 그 시절도 이제 한자락의 추억으로 생각나게 만들고, 제주에서 오랜 시간을 보내고 돌아와 오히려 내가 다니던 동네가 낯설게 느껴지던 그때의 아련함도 떠오른다. 그렇게 아른거리는 추억이 노래와 함께 흘러간다.

　어느 잡지에서 '강아솔'이라는 제주 출신의 가수를 우연히 알게 되었다. 그 후, 한 동안 나의 BGM은 강아솔이었다. 그녀의 노래는 무언가 제주에 대한 향수를 느끼도록 동요하게 하는 힘이 있다. 물론 강아솔이 제주도 출신인 것을 알아서 그런 것 같기도 하고, 제주도 풍광이 그녀의 노래에 담겨져 있어서 그런 것 같기도 하다. 그녀의 노래를 듣고 있으면 특히, 제주 바다가 떠오른다. 마치 제주 바닷가 앞에 앉아서 노래에 빠져드는 느낌이다.

　무엇보다 얇고 잔잔한 그녀의 목소리는 제주를 생각나게 하는 신비한 힘이 있다. 노래 제목도 '섬', '탑동의 밤', '당신의 파도', '눈내리는 만춘' 등 제주도를 떠올리게 하는 제목들로 채워져 있어 제주가 그리운 서울에서 듣기에 좋은 노래들이다.

　강아솔을 들은 것은 어느 가을날이고, 정밀아를 들은 것이 겨울날이어서 그런지 몰라도 이런 차분하고 잔잔한 노래들이 제주를 그리워하게 한다. 그리고 이런 노래들은 나의 그림의 주제인 '겨울 제주 숲'과도 닿아있다는 생각이 든다. 이제 모든 걸 잠시 내려놓고, 봄이 오기를 기다리며 휴식을 취하고 있는 겨울 숲, 그리고 음이 낮고 은은한 노래들의 조합이랄까?

노래는 풍경을 떠올리게 하는 강한 힘을 가지고 있다. 정밀아의 노래를 들으며 이 글을 쓰고 있으니, 무언가 그리움이 사무치는 시간으로 되돌아가는 것 같다.

# 제주도 동물

　제주도를 처음 방문했을 때 신기한 것은 초원을 뛰놀고 있는 말이었다. 서울에서는 동물원에서나 보던 말이 초원을 뛰어다니는 것은 드문 일이었다. 그리고 또 재미있는 것은 강아지들이 줄에 묶여 있지 않고 자유로운 영혼처럼 돌아다닌다는 것이었다. 주인이 없는 개인 것 같진 않은데, 마음대로 동네를 휘젓고 다니는 것이 재미있게 느껴졌다. 제주도 강아지는 얼굴이 작고 몸통이 길고 작으면서 네 다리가 긴 편이다. 어떤 품종인지까지는 모르겠지만, 육지 개와는 다른 품종의 이런 개들의 눈에 띈다. 한 번은 길 한가운데서 벌러덩 누워서 사람이 지나가든지 말든지 신경도 안쓰는 개를 본 적도 있다. 매우 낯선 장면이다. 아마 평화로운 곳에 살고 있기 때문에 가능한 일일 것이다.

소들도 방목해서 키우기 때문에 소를 숲에서 만나기도 한다. 특히, 화순 곶자왈에는 소가 많았다. 일단 소의 흔적인 소똥이 많았고, 길에 소가 많이 앉아 있었다. 한 번은 내가 가야하는 방향에 소가 앉아 버티고 있어서 소에게 말했다. "좀 비켜주지 않을래?" 라고 조심스럽게 말이다. 소는 뒷다리 힘이 세서 잘못 건드렸다가는 크게 혼날 수도 있다는 말을 어릴 적 시골에서 들은 적이 있어서, 조심스럽게 소에게 말하고 기다렸다. 다행히 소는 잠시 멈칫하더니 길을 비켜 주었다.

누구보다 자유로운 영혼 길고양이를 만나는 빈도는 서울에서보다 적다. 고양이 밥을 주는 식당이나 사람들을 많이 만나서인지 제주도 고양이는 왠지 배가 고프지 않을 것 같다. 내가 머물렀던 내가 머물렀던 게하에서도 매일 아침 고양이 밥을 주고 있었는데, 고양이들은 아침이면 식당쪽으로 몰려와서 밥을 달라고 시위를 했다. 게하 주인 언니는 그런 녀석들을 따뜻하게 돌봐주었다. 고양이들의 이름을 지어주고 고양이들의 상황을 파악하고 있었다. 주인 언니는 처음에 아주 작은 암컷 고양이가 새끼를 낳고 굶고 다니는 꼴이 처량해서 먹이를 주기 시작했는데, 그것이 벌써 3-4년이 흘렀다고 했다. 이제는 그 암컷 고양이의 손녀, 손자들까지 와서 밥을 먹어서 사룟값이 생각보다 많이 들어가지만, 야~옹, 야~옹 하면서 밥을 기다리는 녀석들을 외면할 수 없다고 했다.

제주도에 사는 동물들은 자유로워 보였다. 물론 가축 사육장 같은 곳을 보지 못하고 단편적으로 사람과 가까이 있는 동물들을 위주로 관찰한 것이라서 나의 생각에 모순이 있을지 모르지만, 제주도는 동물들도 편안히 지낼 수 있는 이상적인 공간임에 틀림없다.

# 제주 돌

어린 시절 부모님께서 제주도 여행을 가는 길에 '무슨 선물을 사다 줄까?'라고 물으셨다. 그 당시 나에게 제주도는 지리 시간에 글로 배운 곳이었다. 제주도에 대해 아는 것이라고는 현무암과 돌하르방뿐이었기 때문에, 고민 끝에 돌하르방을 사다달라고 했다. 이유는 알 수 없지만 추측컨대 왠지 현무암으로 만든 돌하르방에 있는 **뽕뽕 뚫린 구멍**이 신기해서 그랬던 것이 아닐까? 하는 생각이 든다.

돌하르방을 만드는 돌은 당연히 제주도의 '현무암'이다. 이는 제주도의 돌담에서 많이 볼 수 있다. 제주도의 돌담은 내가 좋아하는 풍경 중에 하나이다. 낮은 돌담을 보고 있으면 괜스레 마음이 편해진다. 울퉁불퉁 제멋대로인 돌을 어찌 저리 균형 있게 쌓았는지 그 재주가 놀랍기도 하고 제주도의 거센 바람에도 끄떡하지 않는 돌담이 대견하기도 하다.

제주도의 비상한 돌은 주상절리를 처음 방문했을 때도 느낄수 있었다. 자연의 신비를 무엇이라 표현할 수 없지만, 주상절리를 보고 '정말 신기하다. 마치 칼로 베어낸 듯한 인공적인 모습인데, 이것이 자연 그대로의 모습이라니! 놀라울 따름이다!'는 생각을 했다.

그 밖에 신기하게 감상했던 돌이 있는데, 한달살기를 했을 때숙소 주변에 있던 박수기정과 안덕계곡이었다. 이 두 곳은 바위명소로 알려져 있다. 박수기정은 주상절리처럼 인공적이진 않지만 누가 일부러 쪼개 놓은 것 같이, 마치 무를 칼로 채를 썬 것같이 되어 있다. 박수기정으로 떨어지는 해를 여러 번 보게 되었는데, 뜨거운 햇살이 바위에 닿을 때마다 빛나던 돌들이 더욱 경이롭다는 생각을 하게 했었다.

안덕계곡은 조금 다른 돌의 느낌이다. 돌담과 주상절리, 박수기정 등이 작게 조깨진 느낌이라면 안덕계곡은 크게 깎아 놓은느낌이라고 해야 할까? 아무튼, 작은 협곡같은 이곳은 사진으로만 보던 중국의 협곡을 떠올리게 한다. 작은 규모의 협곡이지만 카메라로 담기에 부족할 정도의 엄청난 경관을 자랑한다. 용암이 이렇게 흘러가면서 만들어진 것인가? 누가 이렇게 만들어 놓은 것일까? 라는 생각을 하면서 바위를 보다가 또 흐르는 물을 보게 된다. 물에 비치는 바위의 형상을 보고 있으면 정말 비범하다는 말밖에는 나오지 않는 그런 계곡이다.

  이렇게 제주도의 돌들을 보고 있으면 제주도는 정말 신비롭다는 생각을 또 한 번 하게 된다. 대자연의 위대함을 몸소 느끼며 내가 거주하고 있는 육지와 매우 다른, 이국적인 곳이라는 생각을 계속하게 된다.

# 제주에서의 전시

2015년 나에게도 제주에서 전시를 할 기회가 찾아왔다. 이름 하여 'Young Artist Festival-제2회 제주아트페어'. 제주 구 시내인 샛물골 여관길 일대에서 진행된 이 행사에는 제주도 여행을 하며 전시도 할 수 있다는 일거양득의 효과가 기대되었다. 그래서 지원을 했고 다행히 참가자로 선정되어 10월 말 전시에 참여하게 되었다. 전시 장소는 여관의 방으로 결정되었다.

샛물골 여관길은 예전에 신혼부부들이 묵곤 했던 여관들이 있던 자리인데, 지금은 노후해서 쇠퇴해가는 거리라고 들었다. 제주 아트페어는 그 거리를 살리고 또 제주 문화예술의 장을 넓히기 위해 시행된 행사였다.

전시를 위해 그림을 들고 비행기를 탔다. 처음으로 그림과 함께 하는 비행길이라서 왠지 설레고 기대되는 여정이었다. 전시 장소에 도착해서 그림들을 여관 침대와 테이블 그리고 화장실에까지 설치했다. 그렇게 설치하고 사진을 찍다 보니 이런 곳에서 전시를 하는 것이 참신하고 재미있다는 생각이 들었다. 무엇보다 제주의 풍경을 그리고 있는 본인의 그림을 제주에서 전시한다는 것은 매우 특별한 의미로 다가왔다.

전시 마지막 날에는 안면이 있는 제주도 출신의 K작가와 차를 마시게 되었다. 차를 마시다가 갑자기 K작가에게 전시를 대표하는 인터뷰 요청이 들어와서 동석하게 된다. 얼떨결에 나 역시 인터뷰에 동참하게 된다. 비록 라디오지만 이제 나도 방송에 출연하는 것인가? 하는 기대를 하며 인터뷰에 열심히 임했다. 인터뷰 중 내가 '구 시내'에서 이런 행사를 하는 것이 매우 뜻깊다는 얘기를 하자 PD가 혹시 제주도민이냐고 묻는 바람에, 순간 내가 나도 모르게 제주도민들의 말을 따라하고 있었구나! 하고 깨닫게 되기도 한다.

그렇게 인터뷰도 하고 전시를 하며 다양한 사람을 만나고 무사히 철수를 한 후 서울로 돌아왔다. 그렇게 며칠이 지나고 인터뷰에 내 목소리가 나왔을까 궁금해진 나는 방송국 홈페이지에 접속해서 자료를 찾아보았다. 그런데 내가 인터뷰 한 부분은 "다음은 관람객의 소감입니다."하고 방송되었다. 하하, 좀 아쉽고 허무했지만, 그래도 내 목소리가 라디오에 나왔다는 것만으로도 좀 기억에 남는 일이었다.

# 중산간 도로

중산간 도로를 달리다 보면, 평지 위에 오름들이 툭, 툭, 아무렇게나 박혀있는 기분이 든다. 아마 한라산이 생기면서 오름들이 남은 용암에 의해 생긴 것이라서 그런 느낌이 드는 것 같다. 그렇게 평지 위에 솟아있는 오름을 신기하게 구경하면서 제주시로 가다보면 널따란 평원에 힘없이 보이는 억새 같은 풀들이 가득한 것을 볼 수 있다.

육지인에게 중산간 지역은 제주에서도 독특한 느낌이 드는 지역이다. 한라산 자락의 영향을 받아서인지 약간 쌀쌀하면서 시원한 느낌이 든다. 넓게 펼쳐진 평원도 아니고 숲도 아닌 공간이 마치 사막 같다는 느낌이 드는 지역도 있다. 그러다가 또 숲인가 하고 생각되는 지대를 지나가기도 하고, 가시덤불 같은 지대를 지나가게 되기도 해서 그런 느낌을 받나 보다. 그렇게 중산간 도로를 달리다 보면 푸른 초장도 펼쳐져 있어서 탁 트인 곳도 볼 수 있다. 그야말로 예상할 수 없는 공간들이 나타나는 곳이다.

　중산간 도로는 정말이지 다른 나라의 도로를 나 홀로 드라이브하는 느낌을 준다. 동시에 제주와 하나되어 제주를 즐기고 있는 기분이 들게 만들기도 한다. 그렇게 길을 달리다 보면 나도 모르게 차를 세우고 사진을 찍게 된다. 푸른 하늘과 억새풀들이, 나를 향해 손짓하니 그냥 지나칠 수 없는 느낌이랄까!

# 제주 동네

    어느 도시나 그럴 테지만 동네에서는 그 곳에서 주는 느낌이 있다. 번화한 제주시내, 서귀포 시내와 외곽 지역의 느낌이 다른 것은 당연한 일일 것이다. 그런데 같은 서귀포 동네라고 해도 느낌이 많이 다르다. 나에게는 유난히 느낌이 다른 동네가 있는데 그곳은 '위미리'이다.

    바람이 유난히 많이 부는 제주도에서 이상하게 바람이 느껴지지 않고 따스하며 포근한 느낌을 받을 수 있는 곳이 나에게는 위미리였다. 위미리에 가면 마치 엄마 품 속에 들어가 있는 느낌을 받는다. 이유는 알 수 없지만, 별 다를 것 없는 제주 동네 위미리는 묘하게 끌리는 곳이다.

그래서인지는 모르겠지만 위미리에서는 귤나무를 많이 볼 수 있었다. 따스한 공기가 대기 중에 흐르고 햇살이 반짝거리면서 귤이 빛나보이는 것은 위미리에서 받은 나의 느낌이었다.

위미리는 동백군락지가 있는 곳으로 유명하다. 동백이 피는 1월에는 많은 사람이 붉은 동백을 보러 위미리를 찾는다. 나 역시 동백을 보러 두어 차례 위미리를 찾기도 했었다. 동백은 피어있을 때도 아름답지만, 꽃이 통째로 떨어지기 때문에 떨어진 후의 모습 또한 아름답다. 끝까지 자신의 아름다움을 지키는 절개 있는 꽃이라 여겨진다.

추운 겨울 우리나라에서도 제일 따뜻한 남쪽 섬 제주도, 거기서도 제일 포근한 위미리에서 지내면서 난로가에 앉아 귤을 까먹으며 또 바삭 마른 귤 껍질을 난로에 태우며 귤 껍질이 타닥타닥거리는 소리와 향을 즐기며 또 한 번 제주에서 겨울을 나고 싶다.

# 한라생태숲

　내가 제주도를 처음 그림으로 담아낸 장소는 '한라생태숲'이다. 제주시에서 서귀포로 넘어가는 길목 초입에 자리한 한라생태숲은 제주시에서 30분이면 갈 수 있다. 이곳에는 '숫모르 숲길', '장생의 숲길'이라는 재미있는 이름의 길들이 있다. 숫모르는 '숯을 굽는 동산'이라는 뜻으로 한라생태숲 일대를 말하는 옛 지명이라고 한다. 장생의 숲길은 다양한 식물이 서식하는 곳으로 숲길을 걸으면서 힐링을 할 수 있는 공간이라고 한다.

　처음 그림으로 그린 공간은 숫모르 숲길을 걷다가 만난 풍경이었다. 숫모르 숲길의 잔가지들이 사방으로 뻗쳐있는 모습이 매우 인상적으로 다가와서 그 모습을 그 자리에서 스케치로 옮겼다. 사진으로 자세한 모습을 담은 후 풍경을 캔버스에 담아낸 후 제목을 '겨울'이라고 지었다. 목탄과 콩테를 사용하여 숫모르 숲길에서 본 앙상한 나무의 선을 강조하였다. 그림을 그릴 때, 한 선, 한 선, 선을 그으며 겹겹이 선을 쌓아 걸으면서 내 옆으로 스쳐 지나간 여러 겹의 얇은 나뭇가지들을 담아내고자 하였다.

두 번째로 그린 제주 숲은 한라생태숲 전망대에서 내려다본 숲의 풍경이었다. 여기서는 흰색 선을 사용하여 제주의 겨울 숲에서 느낀 흐릿한 흰색을 표현하였다.

이 후, 한라생태숲의 변화를 느끼기 위해 시간을 두고 주기적으로 방문했는데, 이 때마다 점차 변하는 숲의 모습을 볼 수 있었다. 특히, 여름에 방문했을 때는 겨울과 너무 다른 모습의 숲의 풍경에 매우 놀라기도 하였다.

숫모르 숲길에는 내가 스케치한 지점들이 있는데, 다른 시기에 이 지점을 찾기 위해서는 한참 그 주변을 서성거려야 했다. 그만큼 숲은 방문할 때마다 매번 다른 모습을 보여주었다.

그러던 중 푸른 잎과 앙상한 나뭇가지가 공존하는 숲에서 이 숲의 봄은 언제이고, 겨울은 언제인가? 제주도의 봄은 언제가 기준일까? 혼자 궁금증에 빠지기도 했다.

아무튼 숲 안으로 들어가면 처음 겉으로 본 것과 다른 풍경을 보게 되어 내가 어느 곳에 와있는지 지금 내가 서있는 곳은 어디이며, 나는 무엇을 찾으려 여기 있지? 라는 생각을 종종 했던 것 같다. 이렇게 다양하고 쉽게 알 수 없고, 육지인으로서는 이해하기 힘들기도 한 모습을 가진 것의 제주 숲의 매력인 것 같다.

# 초록 잎과 하얀 눈

   제주도의 푸르고 초록초록한 잎들 사이에서 하얀 눈이 흩날린다. 추워서 얼어 죽을 것 같은데 그런 와중에 살아있는 초록색 잎과 나무, 풀 등을 보면서 '비현실적이다'라는 생각을 했다. 그러다가 다시 풍경을 보면서 무엇이 비현실적인 건가? 이 생각이 오히려 '잘못' 된 것은 아닐까? 라는 생각을 했다. 그러면서 내가 생각하는 현실은 무엇인지에 대해 고민한다.

   익숙한 풍경이 현실이 되어버린 순간 속에 갇혀 사는 건 아닌지, 내 머릿속 생각이 이미 굳어버린 건 아닌지 하는 여러 가지 생각에 걷고 또 걷는다.

# 나무 무덤

    제주도를 여행하다 보면 꼭 좋은 풍경만 마주하는 건 아니다. 때로는 보기 싫은 상황을 목격하거나, 난처한 일을 당할 때도 있는데, 그 중 제일 안타까운 장면은 '나무 무덤'이었다.

    그 곳은 곶자왈 도립공원을 가던 중, 길을 잘못 들어 목격하게 되었다. 곶자왈 도립공원은 곶자왈 지대에 영어마을을 세우면서 그 보완책으로 세워진 곳이라고 들었다. 아직 50년이 되지 않아 보존해야 되는 숲의 필수 목록에서 빠져있는 곶자왈의 난개발은 여기저기서 일어난다고 한다.

    내가 곶자왈 도립공원을 방문했을 때는 이미, 많은 건물들이 생긴 후라서, 그 전의 이 마을이 어떤 모습이었는지 전혀 알 수

152

가 없었다. 그저 무언가가 또 희생을 했겠지 하는 생각을 막연히 하게 되는 그런 신도시였다.

그런데 길을 잘못 든 어느 날 잘린 나무들을 실은 트럭들이, 한 트럭, 한 트럭 등장하고 땅 속에 그 나무들을 파 묻고 있는 현장을 목격하게 된다. 많은 나무들이 개발에 의해 베어지고 있다는 것은 뉴스로 익히 들었지만, 나무를 파 묻고 있는 장면을 두 눈으로 직접 보게 된 것은 너무 충격적인 일이었다. 그 순간 '나무 무덤'이라는 단어밖에 다른 단어는 떠오르지 않았다. 그러면서 내가 그동안 보았던 제주는 무엇인가? 제주의 실체는? 그리고 현재는 어떤 것인지에 대해 한참 생각하게 되었다.

최근에는 비자림로의 삼나무 훼손 사진이 사람들을 경악하게 만들기도 했다. 아마 여기서 잘려나간 나무들도 어딘가의 나무 무덤에 갇혀버렸을 것이다. 개발의 홍수 속에서 나는 무엇을 지키기 위해 애써야 하며 어떤 자세를 취해야 할지 머릿속이 복잡해진다.

# 제주 우유

나의 언니는 여행지에 가면 그곳에서 나오는 지역 특산 우유를 먹는 습관이 있다. 그 습관이 맘에 들어 제주도에 가면 항상 서울에서 보던 우유 대신 제주 우유나 한라 우유를 먹곤 한다. 맛이 다른지는 모르지만 제주도만의 디자인을 가진 우유팩을 보고 먹고 있으면 왠지 제주도에서 여행하고 있다는 느낌이 더 와닿는다고 해야 할까? 그리고 서울에서 맛볼 수 없는 신선함을 경험할 수 있으며, 그 지역 제품이기에 믿음이 가는 측면도 있다.

제주도에서 내가 먹어본 우유는 제주 우유, 한라 우유, 성이시돌 우유인데 가격이 좀 비싸긴 하지만- 역시 비싼 것이 맛이 있는 건지도 모르겠다- 성이시돌 우유에서는 다른 우유에서는 느껴지지 않는 상쾌하고 깔끔한 맛을 느낄 수 있다. 성이시돌 목장에 있는 카페에서는 우유로 만든 아이스크림도 만날 수 있는데, 그 아이스크림 역시 매우 고소하면서도 담백함이 느껴졌던 걸로 기억이 난다. 성이시돌 우유는 지금은 서울에서도 판매되고 있는데, 만날 때마다 제주에 온 것 같은 기분이 들어 반가운 마음에 사먹곤 한다.

# 제주 소품샵

   제주에는 제주만큼 다양한 특산품, 기념품이 존재한다. 그래서 제주에 가면 꼭 들르는 곳 중에 하나가 제주를 담은 기념품을 파는 상점이다. 요즘에는 개성을 담은 상점도 많고 서울에서 보기 힘든 아기자기한 문구용품들도 많이 있어서 문구 덕후인 나에게는 결코 그냥 지나칠 수 없는 곳이기도 하다.

   소품샵에서 제주를 닮은 노트, 엽서는 꼭 사는 편이다. 지금 이 글도 컴퓨터가 아닌 제주에서 산 노트에 적고 있다. 왠지 제주도를 추억하며 쓰기에 이런 노트가 적당하다는 느낌이 들기도 하고 아날로그를 좋아하는 나에게 키보드 자판을 두드리는 것보다는 제주에서 올라온 노트에 연필로 글을 쓰는 것이 더 잘 써지는 느낌이 들어 지금도 연필을 꾹꾹 눌러가며 글을 쓰고 있다.

아무튼, 그렇게 구매하여 쌓여가는 노트를 보며, 이제 그만 사야지! 하고 결심하지만, 새로 나온 노트나 엽서, 스티커를 보면 그냥 지나치지 못하는 것이 나의 문제라면 문제다.

그 중 내가 많은 지름신을 맞이한 곳은 '올레스토어'이다. 바로 올레길을 알려주는 안내소인 이곳에서는 올레 엽서, 스카프, 티셔츠, 올레 간세 인형 열쇠고리 등등을 판매한다. 나는 이 모든 것들을 한꺼번에 다 산적이 있다. 다음번 제주 여행에서 입기 위해 구매한 무사마씸(=왜요? 왜 그러시는데요?) 티셔츠, 무늬가 다 달라 세상에서 단 하나뿐인 간세 인형 열쇠고리, 그리고 나에게 엽서 보내기로 사용될 엽서, 마지막으로 스카프까지. 물론 그 밖에 올레 양말, 올레 천 가방, 달력 등도 판매되고 있었으나 이미 가방이 빵빵해진 데다가 예산이 초과한 관계로 자제(?)하기로 했다.

나는 제주 마니아지 올레길 마니아는 아니다. 아직 올레길을 정주행 할 목표도 없다. 다만 마음껏 쉬었다 가도 되는 편안한 분위기의 올레스토어가 나의 발길을 붙잡았고, 거기서 예상치 못한 지름신을 맞이하게 된 것이다. 올레길이 제주 여행의 다양성을 열어 준 곳이라서 그런지 올레 스토어의 디자인 역시 훌륭하다. -나 미대나온 여자라서 안 예쁘면 안 산다.-

이렇게 산 소품들은 책상에 장식을 하기도 하고 열쇠를 가지고 다닐 때 유용하게 사용한다.

그리고 다음번 제주 여행을 기약하며 다시 찾을 수 있게 하는 연결고리가 된다. 무엇보다 제주를 기억하기에 좋은 물건들이 되어 준다.

# 표선 솔방울

솔방울이 천연 가습기 역할을 한다는 사실을 인터넷에서 본 적이 있다. 하지만 서울에서 솔방울을 구하는 것은 쉽지 않은 일이다. 그래서 솔방울 가습기를 만들고 싶다는 생각만 하고 있었는데, 제주도는 어느 날, 나에게 솔방울을 선물해 주었다.

장소는 표선 앞바다였다. 많은 소나무 군락이 바다 앞에 펼쳐져 있었고, 해풍을 맞고 자란 솔방울은 유난히 크고 튼실해 보였다. 엄마는 육지에서 보기 힘든 솔방울이라고 하며 이것들을 주워가자고 했다. 그래서 우리는 표선의 아름다운 앞바다에서 예쁜 모양의 솔방울을 줍기 시작한다.

솔방울을 줍는 일은 생각보다 재미있었다. 다양한 모양의 솔방울 중 마음에 드는 모양의 솔방울은 봉지에 넣어 주워 담았다. 어릴 적 가을날 잘 익어 땅에 떨어진 밤을 주워 담듯이 바닥에 있는 보물들을 모았다. 그렇게 입을 다문 솔방울을 서울로 가져와서 못 쓰는 냄비에 한 번 삶아 소독을 한 후, 물을 뿌려 가습기로 사용하였다.

솔방울 가습기는 볼 때마다 표선 앞바다도 생각나게 하고, 직접 솔방울을 즐겁게 줍던 추억도 떠오르게 만드는 좋은 기념품이다.

# 백팩

평소 단출하게 여행 다니기를 좋아하는 나는 제주도 여행을 갈 때면 백팩을 메고 가곤 한다. 캐리어가 끌고 다닐 수 있어 편리하며 짐을 잘 정리할 수 있다는 장점이 있는 것은 사실이다. 하지만 나의 두 손을 자유롭게 하고 싶은 마음에, 그리고 아직은 젊기에 백팩을 선호한다. 생각해보니 딱 한 번 캐리어를 가지고 간 일이 있는데, 그 때는 한달살기를 위해 제주도를 갔을 때다. 그때도 짐을 최대한 줄여 중간 사이즈의 캐리어 하나, 백팩 하나 이렇게 가지고 제주도로 내려갔었다. -그때 그렇게 작은 짐으로 한 달을 살고 나니 내게 너무 불필요한 것들이 많다는 느낌을 받게 되어 짐을 줄이는 연습을 서울에서도 하고 있다.-

여행을 2박 3일 갈 때는 가방에 잠옷만 가지고 가는 편이다. 여분의 옷을 챙기지 않고 빨아 입는다던지 땀이 안 나면 그냥 입기도 한다. 이렇게 단출하게 다니는 이유 중에 하나는 당연히 가방이 무거운 만큼 여정이 힘들어지기 때문이고, 또 다른 이유는 제주도를 돌아다니다가 보면 나도 모르게 짐이 늘기 때문이다. 예전에 40리터 배낭을 메고 인도여행을 간 적이 있다. 그때 어떤 사람이 나의 가방을 보고 인생의 짐이 많아, 힘들겠다고 했다. 가방은 인생의 무게와 같다며 그 무게를 줄일 수 있으면 좋겠다고 했다. 그 이후 여행을 다닐 때면 그 말을 떠올리며 짐을 최대한 줄여서 가곤 한다.

제주도에 갈 때, 간소하게 가는 이유 중 다른 한 가지는 돌아올 때를 대비해서이다. 제주도에는 뭐가 그리 예쁜 것들이 많은지, 나도 모르게 손에 이 물건, 저 물건 집어서 사게 되고, 그러다 보면 어느새 비어있던 가방이 빵빵해지곤 한다. 어떤 때에는 쇼핑백까지 들고 있는 나를 발견하기도 한다. 제주는 그렇게 나의 백팩을 묵직하게 한다. 이렇게 물건을 사게 되는 경우가 나 뿐만은 아닌지, 서울 가는 비행기에 타는 사람들은 양손 가득 무언가를 들고 있다.

여행의 아쉬움을 대신하기 위해 혹은 누군가를 생각하며 산

물건들을 보고 있으면 괜스레 마음이 푸근해진다. 그래서 나도 모르게 자꾸 가방은 뚱뚱해지나 보다.

# 안녕 카메라

   우도에 처음 갔을 때 검멀레 해변에 있는 해안가에서 친구와 놀게 되었다. 해변 가까이에는 절벽이 있었고 그 절벽 밑에는 작은 동굴이 있었는데, 친구는 징검다리를 건너듯이 물때를 잘 맞추어 바위를 하나하나 건너서 해안 동굴 쪽으로 갔다. 몸이 가뿐한 나의 친구는 어느새 멀어져 갔고, 나는 그 길을 좇아가고 싶었다. 운동신경이 둔하고 모험심이 없는 내가 그 날은 왜 그랬는지 모르지만, 친구의 뒤를 따르게 된다. 그래서 박자를 맞추어 물때를 보면서 바위 위에 물이 안 넘치는 순간 발을 디디려고 하였다. 하지만 타이밍을 맞추지 못하고 물과 함께 돌멩이에 미끄러져 바닷물에 풍덩 빠지고 말았다. 아직 바닷물이 차가운

이월의 일이었다. -생각해보니, 여름에 바닷물 첨벙은 못했으나 이렇게 우연한 퐁당이 있었다 - 문제는 그 때 나의 목에는 카메라가 걸려 있었다. 대학교 때 구매하여 거의 7-8년을 나와 함께한 캐논 G5(2004년 구매)는 그렇게 바닷물을 머금고 다시 회생하지 못했다.

그 날은 뭐가 그렇게 좋았는지 카메라에 대한 걱정으로 울상이 되어도 모자란 판에 나와 내 친구는 물에 빠져 생쥐가 된 나를 보며 서로 웃어댔다. 그런 우리를 보고, 지나가던 아저씨가 "아가씨들이 물에 빠져 짜증이 날 만도 한데 웃으니 좋네요."하고 지나가셨다. 그렇게 카메라와 작별하고 추운 겨울에 오돌오돌 떨면서 뭐가 좋아서 그렇게 해맑게 웃을 수 있었는지 지금 생각해도 그날은 이상한 날이었다.

그렇다. 제주에서는 무슨 일이든, 나쁜 일도 그냥 그렇게 웃으며 지나가게 하는 마법 같은 힘이 있는지도 모른다.

# 제주 음식

'금강산도 식후경'이라는 말은 우리나라 사람들이 여행을 하면서 가장 많이 하는 말일 것이다. 나 역시 제주도 여행을 하면서 계속 먹는다. 먹는 것을 빼면 여행이 조금 아쉽다고 느껴지거나, 때로는 먹으려 왔나? 하는 생각이 들 정도로 먹기도 한다.

갈치조림, 마농치킨, 물회, 고기국수, 모닥치기, 수우동, 고등이 구이, 고사리 해장국, 전복돌솥밥, 몸국, 오겹살, 해물라면, 맬국 등등 제주에서 먹은 음식은 많다. 많이 갔던 만큼 많이 먹은 것 같다. 그 중 인상 깊었던 식사는 판포리 근처 숙소에서 묵을 때 먹었던 '솥밥'이다. 이집은 숙소 근처 밥집을 찾다가 우연히 가게 되었는데, 편안한 음식점 분위기부터 시작하여 모든 것이 여유로운 등 아주 내 스타일이다.

　자취를 하고 독립을 하게 된 이후 음식에 대해 야박해진 나는 대충 끼니를 때우는 편이다. 편의점 음식에 의존했던 적도 있고, 반조리 식품을 사서 빨리 만들고 빨리 먹어치우는 것이 어느덧 나의 식사패턴이 되어 버렸다. 어떤 때는 꼭 맛있는 것을 먹고 살아야 하는가? 라는 생각을 할 정도로 음식에 대한 생각이 바뀌었다.

　그런 나에게 음식다운 음식을 먹도록 한 곳이 이 식당이었다. 편안한 분위기의 식당에 들어가 자리를 잡고 앉으면 한숨 돌릴 수 있도록 따뜻한 차를 내어 주신다. 천천히 메뉴를 설명해주시고, 천천히 주문을 하면, 천천히 음식이 나온다. 마치, 음식 먹을 준비가 되었을 때, 음식을 먹는 기분이랄까!

　예쁜 그릇에 담겨 나오는 정갈한 반찬과 솥에 갓 지어 너무 찰지고 뜨끈한 밥을 음미하며 먹는 것은 참 오랜만의 일이었다. 혼자 밥을 먹거나 밖에서 밥을 사먹을 때는 느끼지 못했던 기분이었다. 그렇게 식사를 하며 음식을 대접받은 기분은 오랜만이라 당분간은 이 식당을 잊지 못할 것이다.

　그렇게 밥을 다 먹고 문을 나서는 길이었다. 고양이 식사시간이었는지 고양이 대여섯 마리가 문 앞에 대기하고 있었다. 길고양이라고 하는데 사람에게 아무렇지 않게 다가오고, 특히 식당 주인아저씨에게는 애교를 부리는 등의 친근한 모습을 보였다. 주인아저씨는 고양이 이름을 부르며 고양이들과 친근하게 놀아 주었다. 길고양이를 대하는 아저씨를 보니 식당에서 받은 느낌이 괜히 좋았던 것이 아니라는 생각이 들었다.

# 제주공항

   제주도를 오가며 자주 들르는 곳은 아니, 당연히 들려야하는 곳은 제주공항이다. 이는 비행기를 타고 가는 사람이라면 누구나 그럴 것이다. 나에게는 그런 제주공항을 즐기는 나만의 놀이가 있다. 바로 '친구 마중 나가기'이다. 시시하게 들릴지도 모르시만, 공항에서 누군가를 기다리는 일은 생각지 못한 선물을 받는 일처럼 느껴진다.

   휴가를 맞아 제주도에 같이 가기로 한 친구보다 하루 일찍 제주도로 떠나게 된 나는 중간에 공항에서 만나기로 한다. 친구에게 어느 비행기를 타고 오는지 미리 물어보고, 전광판에 나오는 비행기 상황을 확인하며 때를 맞춰 도착해 게이트 앞으로 간다.

마치 제주도민처럼 '도착' 바리게이트 앞에 서서 카메라를 들고 친구가 도착하길 기다린다. 그리고 친구가 문을 열고 등장하면 그 순간을 포착하여 '찰칵'하고 사진을 찍는다. 마치 공항에 온 연예인을 맞이하듯이 사진을 찍고 친구를 맞이하는 것이다.

그렇게 바리게이트 앞에서 사람을 맞이하는 것은 제주도에 온 친구를 환영하는 나만의 제주공항 즐기기이다. 이는 제주도를 많이 오가다 보니 공항 구조에 익숙해져 시작된 놀이이다. 제주도에 사는 사람처럼 친구를 맞이하고 환영해주는 일은 '현지인처럼' 살아보기의 연장선이 되곤 한다.

더불어 공항에서 누군가를 기다리는 일은 다른 장소에서의 기다림처럼 지루하지 않다. 비행기 이·착륙 시간을 보며 '아, 친구가 비행기 안에 있겠군!', '아, 이제 착륙했겠군!' 등 상황을 눈으로 지켜보는 것은 재미있다. 그리고 게이트 앞에서 친구를 마중하며, 어느 문으로 언제 나올까 기다리는 일은 기대되고 설레는 일이다.

# 아끈 다랑쉬 오름

오름의 여왕이라고 불리는 '다랑쉬 오름' 옆에는 다랑쉬 오름이 생기면서 따라 생겼다고 '아끈 다랑쉬' 라고 이름 붙여진 오름이 있다. 다랑쉬 오름을 올라가면 작은 도넛같이 생긴 아끈 다랑쉬 오름의 전체 모습을 눈으로 확인할 수 있는데 높이가 낮고 규모가 작아 귀여운 느낌이 드는 오름이다. 사실 다랑쉬 오름이 명성처럼 훌륭해서 다랑쉬 오름을 먼저 탐방한 후, 아끈 다랑쉬에 오를 때는 별 기대 없이 가벼운 마음으로 올라갔다. 근데 이게 웬일, 감탄사가 입으로 흘러나왔다.

아끈 다랑쉬 오름에 올라 "어떻게 이럴 수가 있지!" 하고 계속 되뇌었다. 무엇이라 표현할 수 없는 풍경에 압도되어 그저 그 말

밖에는 할 수가 없었다. 작은 샛길을 따라 올라가니 갑자기 아주 먼 나라의 낯선 곳이 나온 느낌이었다. 아주 작은 오름이고 올라가는 시간과 분화구 주위를 한 바퀴 도는 시간도 별로 걸리지 않아 가볍게 올라갔다 올 수 있는 오름인데, 오름 정상에 서면 눈앞에 펼쳐지는 풍경 때문에 아무 말 없이 그저 감상에 젖게 만드는 그런 곳이다.

"바람은 막 불어오고, 억새는 흔들리고 하늘은 파랗고 구름은 둥둥 떠서 땅에 그림자를 드리우고, 능선은 아름답고, 저 멀리 다른 오름들과 산들, 목장, 바다까지 보이고, 정말 뭐라 이루말할 수 없는 풍경, 지경이었다."

그 날 오름에 올라 적은 메모이다. 정말, 그 지경! 그 풍경을 지금 이글을 쓰면서 회상하기에는 역부족이지만, 누군가 오름을 간다면 다랑쉬 오름만 가지 말고 꼭 아끈 다랑쉬 오름까지 올라 형제 오름의 아름다움을 다 보고 오라고 추천하고 싶다.

# 엄마와의 제주도

　엄마는 내가 어릴 적 제주도에 다녀오신 적이 있다. 단체 관광을 통해 제주도를 다녀온 것이라 엄마의 제주도 여행은 친구를 따라 다닌 나의 첫 번째 여행과 닮아있다. 그런 엄마를 모시고 제주 여행을 하게 되어, 성산에 숙소를 잡고 차를 렌트했다. 나름 효도를 하고 싶은 욕심에 여기저기 예약을 하고 계획을 세운 것이다. 그렇게 나의 야심찬 여행은 시작되었고, 우리는 여기저기를 다니게 된다. 꽃을 좋아하는 엄마를 위해 매화꽃을 보려고 남쪽으로 가기도 했고, 성산일출봉 근처에 활짝 핀 유채꽃 밭에서 사진을 찍기도 했다. 그리고 내가 좋아하는 비자림을 같이 걷기도 하였다. 그렇게 하루, 이틀 여행을 하다가 비가 오는 날이었다. 나는 비를 피해 실내에서 구경을 할 수 있는 아쿠아리움 같은 곳을 가는 것이 어떻겠냐고 제안을 했는데, 엄마는 수족관은 별로고 특별히 가고 싶은 곳도 없다고 했다. 난감해진 나는 여러 장소를 머릿속에 떠올리고 있었는데, 엄마가 갑자기 비자림 얘기를 꺼냈다. 꽃을 보고 다른 것을 본 것도 좋았지만, 비자림이 너무 좋았다고 하시는 것이다. 나는 비자림은 비가 와도 또 다른 모습을 보여 준다고 하였고, 엄마는 비자림에 다시 가자고 했다. 그래서 우리는 비자림을 향해 다시 발길을 옮겼다.

입구에서 파는 우비를 하나씩 사서 입고 천천히 비가 오는 비자림을 걷기 시작했다. 빗소리와 함께 숲속에 퍼지는 여러 가지 소리와 풍경들이 며칠 전과는 또 다른 풍경으로 다가왔다. 비 오는 비자림은 정말 운치가 있었다. 나무들이 보일 듯 말 듯 보이고, 흐릿하면서도 차분한 풍경은 정말 멋졌다. 나무사이로 나무가 보이고 희뿌연한 안개 같은 것들 사이로 레이어(겹겹이 쌓여있는 투명한 조각 층)가 자동으로 만들어져 마치 한 폭의 동양화를 보고 있는 느낌이었다.

그렇게 비자림을 두 번 걷고 서울에 돌아와서도 엄마는 가끔 비자림 얘기를 한다. 제주도에서 숲을 걸었던 것이 가장 좋았다고. 여행을 많이 하지 않았음에도 엄마는 자신이 좋아하는 여행에 대해 금방 알아차린 것 같았다. 엄마가 비자림, 그리고 숲길 걷기를 좋아하는 것을 보고 순간, 내가 숲에 빠져있는 것이 엄마를 닮은 건가 하는 생각을 잠시 했다. 역시 엄마와 딸인 것인가?

# 극기훈련

여행을 할 때 걷는 것을 좋아한다. 하루 종일 걷는 것은 다반
사이고, 며칠 동안 쉴 새 없이 걷기도 한다. 제주를 방문했던 첫
해, 두 번째 해에는 그냥 걷는 것이 아니라 극기 훈련과 같이 하
루 종일 걷기만 했던 것 같다. 목표를 세우고 오늘은 '이 숲을 다
걷고 말리라' 이렇게 비장한 마음을 가지고 숲을 걷는 일이 나의
제주 여행에서의 일과였다. 그렇게 하루 종일 걷는 날에는 식사
도 에너지 바와 같은 걸로 때우고 오직 미친 듯이 걸으며 그림
을 그릴 소재를 찾기에 바빴다. 그래서 제주도를 다녀오면 온몸
에 힘이 들고, 근육통에 시달리기도 했었다.

물론 제주 여행 초창기에는 가보고 싶은 곳이 너무 많아 나도

모르게 욕심을 내고 여기 찍고, 저기 찍고 하면서 여행지 정복을 했던 것 같다. 그런 날은 카메라 셔터를 수도 없이 눌러가며 자료 수집하는 데 몰두하기만 했고, 여행이 끝나고 나서 찍힌 사진 수를 보며 뿌듯해 하기도 했었다. 그런데 시간이 흐르고 보니, 나는 제주 여행을 왜 그런 식으로 했을까? 하는 후회가 밀려오기도 했다. 때로는 참 미련하고, 제주도까지 가서 그렇게 요란을 떨며 성취를 하는 여행을 했다는 사실이 부끄럽다고 여긴 적도 있다. 근데 한편으로는 그런 시간 역시 나에게는 소중하고 극기 훈련과도 같았던 여행이 발판이 되어 이제 제주 여행을 다양하게 할 수 있도록 해준 것은 아닐까 하는 생각도 든다.

　나이가 들고 여행에 대한 요령이 더 생긴 지금, 이제 제주를 갈 때면 예전보다 훨씬 편안하다. 어떤 경험이라도 소중하지 않은 것은 없고, 지금의 유연함은 그런 시간이 있었기 때문에 가능한 것이라는 생각도 든다. 그리고 시간이 더 흘러 하루 종일 걷는 극기 훈련 같은 여행이 힘들어지는 나이가 되면, 그 때 그 시절 그런 여행을 그리워할지도 모르겠다.

# 언니와의 제주도

나의 친언니는 걷는 것을 싫어한다. 평소 소문난 '집순이'이며, 잠시도 가만히 있는 것을 못 견디는 나와는 달리 하루 종일 아니, 며칠 집에만 있어도 심심해하지 않는다. 그런 언니와의 제주도 여행은 나의 여행에 또 다른 변화를 일으켰다.

평소 하루 종일 걷기, 코스 완주하기 등 극기 훈련 같은 여행을 하곤 했던 나는 어느 날, 제주를 수없이 드나들면서 왜 그렇게 여행을 힘들게 하는가? 에 대한 고민을 하게 되었다. 제주에서 유유자적하고 싶은 마음을 마음 한쪽 구석에 가지고 있으면서 정작 나의 여행은 그것과 상당히 멀어져 있었다. 그런 나에게 일침을 둔 것이 언니와의 여행이다.

일단 언니와 여행을 갈 때면 편안하고 깨끗하며 안락한 숙소를 예약한다. 여행 중에는 맛있는 것을 충분히 먹는다. 숙소에서도 아침에 늦게 일어나 천천히 오늘 갈 곳을 생각한다. 미리 어디 갈지 계획을 세우지 않고 시간과 상황에 맞춰, 때로는 그날의 날씨에 따라 여유롭게 움직이는 것이다. 그리고 식사를 하고 그사이사이 디저트와 커피를 먹으며 카페에서 편안한 시간도 잊지 않는다.

그래서 언니와 여행할 때는 나 역시 게으름을 피우게 된다. 사실, 예전에 언니와 여행할 때는 언니는 여기까지 와서 너무 느긋하게 움직이는 것은 아닌가? 볼 것이 이리도 많은데 서둘러서 움직여야 하는 것 아닌가? 하는 조바심을 낸 적도 있다. 언니가 일어나지 않은 새벽에 먼저 산책을 나갔다 오기도 하는 등 혼자 열심히 다니기와 언니와 느긋하게 다니기를 동시에 진행한 적도 있다. 그렇게 여러 가지 방식으로 여행을 해 나가던 중, 언니와 여행하는 시간이 쌓여가면서 여유를 즐기며 여행을 하는 언니의 여행방식에 익숙해졌다. 그러면서 조금씩 나의 극기 훈련 같은 여행에서 멀어지게 되었다.

한 번은 숙소에서 조식을 도시락 바구니에 정성스럽게 만든 샌드위치와 제주 감귤 주스를 주셔서, 편안히 방에서 조식을 먹고 체크 아웃시간까지 뒹굴뒹굴하다가 길을 나선 적도 있다. 그러면서 제주도 숙소에서 빈둥대는 것도 참 괜찮은 일이라는 생각을 하게 되었다.

그러면서 어쩌면 나는 아직 나만의 여행 스타일을 찾지 못해, 일처럼 여행을 완수했던 것은 아닌가? 하는 생각을 하게 되었다. 여행을 많이 다녔음에도, 여행 스타일을 아직 정하지 못했다고 하면 듣는 사람들은 비웃을지도 모르지만, 나의 여행은 그 때마다의 테마에 따라, 그리고 동행자에 따라 조금씩 바뀌곤 한다.

생각해보니 내가 제주를 여러 차례 오가며 아직도 제주 여행을 고대하는 건 제주 여행 패턴이 아직 정해져 있지 않고, 갈 때마다 다르게 움직이기 때문이다.

여행의 스타일을 만드는 것은 어쩌면, 여행이라는 틀 안에 박히는 일인지도 모른다.

# 성싼일출봉

　마음이 맞는 친구를 사회에서 만나는 것은 어려운 일이고 여행을 같이 가게 되는 것은 더욱 쉽지 않을 것이다. 그런데 나에게도 여행을 같이 가는 '일로 만난 사이'가 있다.

　어느 가을날, 휴가 일정이 맞는 우리는 같이 제주도로 여행을 떠나기로 한다. 평소 유쾌하며 시원시원한 그 친구는 제주도까지 같이 여행 온 기념으로 커플티를 맞춰 입자고 제안을 했다. 이렇게 제주도까지 같이 온 사이인데, 그 정도는 해야 하지 않느냐고 했다. 부끄러움이 많은 나는 '커플티'를 어떻게 입지? 난 한 번도 그런 거 입어 본 적이 없는데… 에이, 장난이겠지, 라고 생각하고 있었는데, 그녀는 거의 진심인 것 같았다. 성산일출봉 근처에 기념품 가게에 들어갔는데, 티셔츠를 고르고 있는 것이 아닌가! 그리하여 우리는 진짜 커플티를 장만하게 된다. 이름하여 'SEONGSAN ILCHULBONG' 티셔츠, 주황색 동그라미 반원에 성산일출봉 실루엣에 하얗게 박혀있고, 밑의 반원에는 하늘색으로 이루어진 무늬 위에 영어로 SEONGSAN ILCHULBONG이라고 쓰여 있다. 우리는 성산일출봉을 가는 길에 있는 기념품 가게에서 이 티셔츠를 발견했다. 흔하디 흔한 'I Love JEJU' 티셔츠가 아니라, 다른 기념품 가게에서 볼 수 없는 독특한 디자인 때문이었는지, 제주도 여행 중이라서 그랬는지 이유는 알 수 없다. 아무튼, 그새 나의 수줍음은 또 어디로 가고, 정신을 차려보니 커플티를 입고 성산일출봉을 오르고 있었다.

성싼일출봉(영어로 써 있기 때문에 '산'이 아니라 '싼'이라고 읽어야 한다.) 티셔츠를 입고 일출봉에 오르게 될 줄은 제주도에 와서도 전혀 예상하지 못했던 일이다. 아마 그 기념품 가게에서 독특한 티셔츠를 발견하지 못했다면 있을 수 없는 일이었는지도 모른다. 근데 막상 기념 티셔츠를 입고 다니는 것에 익숙해지다 보니, 성산일출봉에 오르는 일이 더 즐거워졌다. 게다가 기념사진을 찍으면서도 다른 사람의 시선도 별로 신경쓰지 않게 되었다.

오히려 커플티를 입은 상황을 즐기고 있는 나 자신을 발견할 수 있었다.

동행이 있다는 것은 참 좋은 일인 것 같다. 제주에 와서 항상 다른 경험을 하고 가지만, 나의 범주 안에서 저지르지 못하는 일을 저지르고 행동하게 만드는 힘을 동행자에게서 배우곤 한다. 기분 좋은 에너지를 그 친구를 통해 배우고, 이를 느낄 수 있다는 것은 여행을 더 풍성하게 만들어 준다.

# 아직도, 제주

    지난 몇 년간 제주를 수없이 다녔음에도 불구하고 제주에는 아직 가보고 싶은 곳이 많이 남아 있다. 그중 가장 가보고 싶은 곳을 꼽자면 '수풍석 박물관'과 '용머리 해안'이고, 해보고 싶은 일은 '자전거 타고 환상 해안 길 드라이브하기'이다.

    가장 가보고 싶은 장소는 수풍석 박물관이다. 이타미 준의 작품인 수풍석 박물관에 대해 알게 된 것은 국립 현대 미술관에서 우연히 보게 된 '바람의 조형' 전시를 통해서이다. 바람의 조형 전시 리플렛 표지는 연필드로잉으로 검게 바람이 부는 느낌을 주고 있었는데, 검은색은 꼭 현무암같고, 선의 움직임은 바람이 부는 것 같다는 인상을 받았다. 이 전시를 통해 제주도에 이런 곳이 있었다는 새로운 사실을 알게 된 후, 제주도를 방문하면 꼭 들러야지 했다. 하지만 수풍석 미술관에 발길이 닿게 되진 않았고 그렇게 그곳에 대해 잊어갈 때쯤 수풍석 미술관의 설계자 '이타미 준'에 대한 다큐멘터리 영화 '이타미 준의 바다'를 보게 되었다. 영화에서는 수풍석 박물관의 모습을 잔잔하면서도 힘이 느껴지게 담아내고 있었다. 영상에서도 전해지던 이곳이 가진 힘을 반드시 직접 가서 경험해보고 싶다는 의지를 샘솟게 만드는 영화였다. 그렇게 언젠가 수풍석 박물관에 갈 날을 고대하던 중, 수풍석 박물관은 예약제로 바뀌어 운영되기 시작했다. 모두들 나와 같은 마음인지 미리 예약하기가 쉽지 않은 이곳에 언제쯤 갈 수 있을지 모르지만, 그래도 언젠가 수풍석 박물관에서 이타미 준의 '바람의 조형'을 느껴보고 싶다.

두 번째로 가고 싶은 곳은 용머리 해안이다. 겨울 동백을 같이 맞이했던 지인은 제주에서 용머리 해안이 가장 멋있었다고 했다. 다시 용머리 해안을 보고 싶다는 그녀를 따라 용머리 해안을 찾았지만, 바닷물이 들어오는 만조 시간이라 용머리를 보지 못하고 그냥 돌아올 수 밖에 없었다. 그녀 말로는 용머리는 날씨, 간·만조 시간을 잘 맞춰야 해서 쉽게 볼 수 있는 곳이 아니라고 한다. 그렇게 용머리 해안에 대한 기대를 갖게 된 나는 혼자 제주를 방문한 여행에서 용머리 해안에 가기로 한다. 혹시나 하는 마음에 안내소에 전화를 하니 오전에는 만조라서 오후 늦게 와야 한다는 것이었다. 결국, 이번에도 시간 때가 맞지 않아 용머리는 갈 수 없었고, 제주는 아무 때나 모든 걸 허락하지 않는다는 생각을 다시 한 번 하게 되었다.

　제주에서 마지막으로 하고 싶은 일은 자전거 타기이다. 제주도를 여행할 수 있는 교통수단은 여러 가지가 있다. 대표적인 것이 렌터카와 버스이며, 부수적으로 자전거, 스쿠터 등이 있다. 이 중에서 제주에서 아직 자전거를 한 번도 타 본 적이 없다. 제주에는 '제주도 환상 자전거 길'이란 해안가 자전거 길도 있고 자전거 길 스탬프도 있는 등 자전거를 탈 수 있는 기반 시설도 잘 조성되어있다. 그래서 꼭 한 번 해보고 싶은 것 중에 하나가 해안가를 자전거를 타고 제주를 누비며 제주 바람을 온몸으로 느껴보는 것이다.

　여기에 적은 것은 지금 가장 하고 싶은 세 가지이고 아직 무수히 내가 모르는 세계의 제주를 향해 나아가고 싶은 것이 나의 마음이다.

　지난 5년간 제주도를 쉴 새 없이 드나들었음에도 아직도 제주도에서 하고 싶은 일이 이렇게 존재한다는 이 글을 쓰면서도 놀랍다. 나에게 제주는 무궁무진하고 항상 가고 싶은 1순위 여행지이다. 제주도는 나에게 언제나 '아직도, 제주'로 존재하길 바란다.

어쩌다,
제주

**초 판 1 쇄**  2021년 1월 29일
**초 판 2 쇄**  2021년 7월 15일
**지 은 이**  최명숙
**표지그림**  최명숙
**펴 낸 곳**  하모니북

**출판등록**  2018년 5월 2일 제 2018-0000-68호
**이 메 일**  harmony.book1@gmail.com
**전화번호**  02-2671-5663
**팩    스**  02-2671-5662

979-11-89930-74-5 03910
© 최명숙, 2021, Printed in Korea

값 15,000원

이 도서의 국립중앙도서관 출판예정도서목록(CIP)은 서지정보유통지원시스템 홈페이지
(http://seoji.nl.go.kr)와 국가자료공동목록시스템(http://www.nl.go.kr/kolisnet)에서 이용
하실 수 있습니다.